Racismo e antirracismo na educação

CIP-BRASIL. CATALOGAÇÃO NA PUBLICAÇÃO
SINDICATO NACIONAL DOS EDITORES DE LIVROS, RJ

R119

Racismo e antirracismo na educação : repensando nossa escola / organização Eliane Cavalleiro. - [7 ed. rev. e atual.]. - São Paulo : Selo Negro, 2024.
176 p. ; 21 cm.

Inclui bibliografia
ISBN 978-65-998837-9-8

1. Racismo. 2. Racismo - Brasil. 3. Brasil - Relações raciais. I. Cavalleiro, Eliane.

24-89148 CDD: 305.8
CDU: 316.347

Gabriela Faray Ferreira Lopes - Bibliotecária - CRB-7/6643

www.selonegro.com.br

Racismo e antirracismo na educação

Repensando nossa escola

Eliane Cavalleiro (org.)

SELO NEGRO
EDIÇÕES

RACISMO E ANTIRRACISMO NA EDUCAÇÃO
Repensando nossa escola

Editora executiva: **Soraia Bini Cury**
Preparação: **Janaína Marcoantonio e Mariana Marcoantonio**
Revisão: **Samara dos Santos Reis**
Capa: **Delfin [Studio DelRey]**
Projeto gráfico: **Crayon Editorial**
Diagramação: **Natalia Aranda**

Selo Negro Edições
Departamento editorial
Rua Itapicuru, 613 – 7º andar
05006-000 – São Paulo – SP
Fone: (11) 3872-3322
http://www.selonegro.com.br
e-mail: selonegro@selonegro.com.br

Atendimento ao consumidor
Summus Editorial
Fone: (11) 3865-9890

Vendas por atacado
Fone: (11) 3873-8638
e-mail: vendas@summus.com.br

Impresso no Brasil

Sumário

Apresentação à nova edição

Em 2001, quando reuni os artigos que compõem esta coletânea, a Lei n. 10.639, que modificou a Lei de Diretrizes e Bases (Lei n. 9.294, de 1996), tornando obrigatório o ensino de história e cultura afro-brasileiras no ensino fundamental e médio, representava apenas uma demanda há muito tempo pleiteada pelos movimentos negros no Brasil. Iniciada sobretudo com as reivindicações feitas pela Frente Negra Brasileira na década de 1930, tal demanda trazia uma visão transformadora para o sistema educacional. O objetivo dos ativistas dos movimentos negros era que o sistema educacional fosse capaz de promover qualitativamente o desenvolvimento de todas as crianças, reconhecendo a dignidade das pessoas negras, as lutas de negros e negras escravizados e a existência de práticas racistas e discriminatórias — valorizando, assim, a presença e a participação da diversidade racial em nossas escolas.

Agora, com a Lei n. 14.645/2023 — que, além de alterar a LDB n. 9.294/96 em vários artigos, inclui novos textos para dispor sobre a educação profissional e tecnológica e articular a educação profissional técnica de nível médio com programas de aprendizagem profissional —, continuamos empenhados na luta para concretizar uma educação antirracista, visto que o cumprimento da Lei n. 10.639 continua sendo desrespeitado ou se mostra frágil na maioria das escolas brasileiras.[1] Muito embora a referida lei tenha alterado a LDB em vigor, ela ainda não conseguiu mudar práticas racistas e preconceituosas que atuam tanto na gestão dos sistemas de ensino como em sala de aula. Ou seja,

1. Beatriz Soares Benedito, Suelaine Carneiro e Tânia Portella (orgs.), *Lei 10.639/03 — A atuação das Secretarias Municipais de Educação no ensino de história e cultura africana e afro-brasileira*. São Paulo: Instituto Alana, 2023.

ainda hoje encontramos profissionais da área que desrespeitam as normas que orientam seu trabalho. Muitos deles, mesmo diante de inúmeros dados quantitativos e qualitativos que provam como essas práticas se mostram danosas no cotidiano escolar, se recusam a encampar a educação antirracista por considerarem-na ilegítima. Outros agem assim simplesmente por não desejarem uma mudança substancial no que tange às questões raciais em nossa sociedade.

Decorridos 21 anos da promulgação da Lei n. 10.639, urge refletirmos sobre os desafios persistentes e a necessidade premente de ações concretas para efetivar uma educação que combata o racismo em todas as suas manifestações, garantindo um ambiente escolar verdadeiramente inclusivo e qualitativo.

Assim, esta coletânea permanece atual, mostrando as iniquidades no desempenho educacional das nossas crianças, observando as práticas racistas e discriminatórias que persistem no cotidiano escolar como um todo — na pedagogia, na gestão e nas relações sociais estabelecidas em nossas escolas.[2] Certamente, tais elementos nos convidam a reconhecer e debater os reflexos profundos do racismo no processo de ensino e aprendizagem na educação formal.

Nesse cenário desafiador, a presente coletânea não apenas mantém sua relevância como também se revela uma oportunidade para estabelecer um diálogo franco e aberto sobre a diversidade, incluindo um olhar sobre a branquitude. Além disso, ela se destaca como um espaço de reflexão sobre as flagrantes desigualdades no desempenho educacional de nossas crianças. Nesse sentido, nos instiga a identificar os desafios presentes e a promover ações concretas para transformar essas realidades.

Aqui, prestamos nossa reverência aos professores e demais profissionais da educação que se mostram empenhados em pavimentar os caminhos da educação antirracista. Aplaudimos a coragem e a entrega com que se dedicam a construir um ambiente escolar que reconhece e

2. É importante esclarecer que, nesta edição, não contamos com o texto de Jeruse Romão, atendendo a um pedido específico dela própria. Também não foi possível obter autorização de César Rossatto para a publicação de seu artigo, escrito em colaboração com Verônica Gesser, o que infelizmente nos levou a excluí-lo.

celebra a diversidade. Enxergamos esses educadores como os arquitetos visionários de espaços de aprendizagem nos quais cada aluno, além de absorver conhecimento, sente-se genuinamente respeitado, valorizado e capacitado para florescer.

Além de transmitir conhecimento com empatia e dedicação, esses profissionais conscientes da luta antirracista influenciam todos a seu redor. Eles constituem os guias essenciais dos estudantes, orientando-os a compreender a importância da igualdade e da justiça social. Entendemos que a educação por eles promovida transcende a mera transmissão de informações, sendo, na verdade, a construção ativa de um mundo onde cada criança se percebe como parte vital, reconhecendo e valorizando suas raízes culturais.

Portanto, esses educadores compõem os pilares fundamentais na construção de uma sociedade mais justa, inclusiva e carregada de afeto para todos. Mostram-se agentes incansáveis na edificação de um futuro em que a diversidade não é apenas tolerada, mas verdadeiramente celebrada como fonte de enriquecimento e entendimento mútuos.

Desse modo, confiantes em nossa perspectiva antirracista, temos imensa satisfação ao ver que nosso trabalho tem impactado milhares de educadores ao longo desses anos, contribuindo para uma educação que celebra todos os alunos e todas as alunas no cotidiano escolar. Aos novos leitores, meu coração transborda com o sincero desejo de que, ao folhearem estas páginas, encontrem mais do que palavras: encontrem pedaços de conhecimento que se entrelaçam com o profissionalismo e a inspiração que ecoam nas salas de aula da vida. Que cada página seja uma janela para uma prática pedagógica carregada de afeto e significado. Que vocês se tornem artesãos da experiência educacional — na qual os alunos, além de aprender, compartilham suas histórias, transformando a escola em um vasto horizonte de respeito. E que sejam capazes de criar espaços para explorar e desafiar ideias, reconhecendo e confrontando dinâmicas opressoras e celebrando a diversidade racial brasileira.

Eliane Cavalleiro

Apresentação à primeira edição

O que nos parece indiscutível é que, se pretendemos a libertação dos homens, não podemos começar por aliená-los ou mantê-los alienados. A libertação autêntica, que é a humanização em processo, não é uma coisa que se deposita nos homens. Não é uma palavra a mais, oca, mitificante. É práxis, que implica a ação e a reflexão dos homens sobre o mundo para transformá-lo.

Paulo Freire

O Brasil adiou ao máximo o dever de libertar os africanos e seus descendentes escravizados. Carregamos a desprezível marca de ser a última nação do mundo a abolir a escravidão. Lutamos ainda hoje para que tenhamos uma democracia substantiva.

Esta obra deseja contribuir para o processo de reflexão de profissionais da educação na elaboração de estratégias de combate ao racismo no ambiente escolar e na sociedade em geral.

A reflexão sobre nossos valores, crenças e comportamentos é imprescindível para compreendermos o racismo, a discriminação e o preconceito raciais na sociedade, bem como seus efeitos na nossa vida.

Falar sobre esses temas no ambiente escolar não é realizar um discurso de lamentação, mas dar visibilidade à discriminação de que crianças e adolescentes negros são objeto. Os indicadores de tal situação são vários e lamentáveis.

Nas escolas, o racismo se expressa de múltiplas formas: negam-se as tradições africanas e afro-brasileiras, nossos costumes, nossa filosofia de vida, nossa posição no mundo… Negam nossa humanidade.

Se desejamos um país com justiça social, é imperativo que transformemos nossas escolas em um território de equidade e respeito; um espaço adequado à formação de cidadãos.

Entrar em um debate sério sobre esses elementos implica definir uma política educativa que rompa com o *status quo*, conteste os fatos de maneira profunda e consciente e evidencie a inexistência de uma democracia racial em nosso país.

Racismo e antirracismo na educação — Repensando nossa escola reúne textos articulados em torno do tema diversidade racial no ambiente escolar, que procuram estabelecer uma nova percepção sobre as escolas brasileiras. Nele, o leitor encontrará ideias essenciais para o enfrentamento do problema racial no espaço escolar.

O artigo que abre a obra[1] — "A experiência da branquitude diante de conflitos raciais: estudos de realidades brasileiras e estadunidenses", de César A. Rossatto e Verônica Gesser — traz à luz aspectos da branquitude que são apresentados/reforçados diariamente pelas agências socializadoras (principalmente família e escola) aos indivíduos negros e brancos. Os autores apresentam narrativas de suas pesquisas baseadas em suas vivências, observadas em experiências crivadas pelo fator branquitude tanto no sul do Brasil, onde ambos nasceram, como nos Estados Unidos, onde residem. Assinalam que repensar a raça e a experiência brancas só é possível por meio da conscientização crítica das novas gerações.

Por sua vez, Elisabeth Fernandes de Sousa, em "Repercussões do discurso pedagógico sobre relações raciais nos PCN", interpreta o enfoque dado à questão racial na revista *Cadernos de Pesquisa* da Fundação Carlos Chagas, bem como nos Parâmetros Curriculares Nacionais (PCN). No primeiro objeto de análise, Elisabeth evidencia a existência de um número reduzido de pesquisas sobre relações raciais e educação, e aponta uma produção incipiente, evidenciando a descontinuidade da reflexão racial.[2] No segundo, a autora, ao se ater detalhadamente ao tema transversal "pluralidade cultural" dos PCN para a abordagem da

1. Ver nota na página 8. [N. E.]
2. Uma busca rápida na biblioteca digital da Universidade de São Paulo (USP) utilizando os termos "relações raciais" e "educação" revela que, entre os anos de 2000 a 2023, apenas cem trabalhos acadêmicos (dissertações de mestrado e teses de doutorado) abordaram o tema. Em outra instituição referência, a Universidade Estadual de Campinas (Unicamp), os resultados são ainda menores: 17 trabalhos entre 2003 e 2022. [N. E.]

questão racial na educação, enfatiza que existe um vasto debate teórico sobre o tema, porém de forma solta, muitas vezes contraditória, que não dá conta de orientar ações no espaço escolar.

No artigo "Formação de educadores/as para o combate ao racismo: mais uma tarefa essencial", Cidinha da Silva apresenta a experiência do Geledés — Instituto da Mulher Negra em formar educadores/as para combater o racismo. Discute a ideia de que uma formação consistente sobre as relações raciais brasileiras colabora para que os educadores se engajem na luta para reverter a discriminação em sala de aula e as desigualdades na sociedade.

O artigo de Nilma Lino Gomes, "Educação cidadã, etnia e raça: o trato pedagógico da diversidade", remete-nos a um tema clássico e atual. Discute aspectos importantes da escola brasileira tendo como mote central o tratamento que esta tem dado à história e à cultura de tradição africana. Evidencia também a necessidade de valorizar a questão racial na nossa prática pedagógica, bem como nas políticas educacionais.

Em "A responsabilidade da escola na eliminação do preconceito racial: alguns caminhos", Isabel Santos Mayer nos apresenta duas experiências de educação intercultural em escolas italianas e mostra como professores/as e escolas brasileiros vêm lidando com a diferença racial. Isabel sublinha a responsabilidade da escola em contribuir para transformar os processos de exclusão social. Para a autora, a escola pode "impulsionar uma ação cultural e política, a caminho da transformação da sociedade, por meio da transformação do indivíduo e das relações sociais".

"Sankofa: educação e identidade afrodescendente", de Elisa Larkin Nascimento, é uma contribuição valiosa para subsidiar o pensamento e a elaboração de medidas concretas a fim de afirmar positivamente a identidade do estudante negro. Elisa critica a hegemonia do etnocentrismo ocidental e revela mecanismos da dominação patriarcal e colonial. Os dados reunidos nesse capítulo contribuem para a construção de uma ação pedagógica positiva para todos os grupos sociais e crianças brasileiras.

Em meu artigo "Educação antirracista: compromisso indispensável para um mundo melhor", ao analisar acontecimentos recorrentes no ambiente escolar, enfatizo a importância da intervenção dos educadores na organização de uma escola que favoreça o desenvolvimento de todos os presentes. Penso formas de examinarmos o espaço escolar a fim de saber quando estamos educando para o reconhecimento da igualdade humana ou colaborando para a permanência e a difusão da discriminação na escola e na sociedade.

Em "Negritude, letramento e uso social da oralidade", Ana Lucia Silva e Souza evidencia o uso da palavra como "instrumento capaz de permitir que a criança e o jovem, especialmente o negro, olhe para si próprio e para o outro sujeito usuário como produtor e reprodutor de uma cultura e de saberes". Para a autora, o domínio e o uso social da linguagem são determinantes na estruturação das relações sociais que se constroem no cotidiano; pensá-los no dia a dia escolar é imprescindível para que os/as estudantes redescubram sua cultura.

O artigo de Andréia Lisboa Sousa Johnson, "Personagens negros na literatura infantojuvenil: rompendo estereótipos", tece uma análise sobre a personagem negra em livros de literatura infantojuvenil, sensibilizando nosso olhar para ilustrações e conteúdos positivos sobre o grupo negro. Andréia almeja uma "reeducação quanto à visão estereotipada do negro".

Em todos os capítulos, notaremos a preocupação em ressaltar a importância da escola como uma instituição construtiva da cidadania como patrimônio coletivo. Todos cooperam para que conheçamos um pouco mais sobre as necessidades dos/as estudantes negros/as.

Racismo e antirracismo na educação — Repensando nossa escola é nossa contribuição para que as escolas brasileiras não sejam as últimas a banir o racismo, a discriminação e o preconceito de seu cotidiano.

Eliane Cavalleiro

1. Repercussões do discurso pedagógico sobre relações raciais nos PCN[1]

Elisabeth Fernandes de Sousa

> *Negrinha era uma pobre órfã de sete anos. Preta? Não; fusca, mulatinha escura, de cabelos ruços e olhos assustados. Nascera na senzala, de mãe escrava, e seus primeiros anos vivera-os pelos cantos escuros da cozinha, sobre velha esteira e trapos imundos. Sempre escondida, que a patroa não gostava de crianças.*
>
> [...]
>
> *Mas a dura lição da desigualdade humana lhe chicoteou a alma. Beliscão no umbigo, e nos ouvidos, o som cruel de todos os dias: "Já para o seu lugar, pestinha! Não se enxerga?"*
>
> [...]
>
> *Morreu na esteira rota, abandonada de todos, como um gato sem dono. Jamais, entretanto, ninguém morreu com maior beleza* [...]. *Depois, a vala comum. A terra papou com indiferença aquela carnezinha de terceira — uma miséria, trinta quilos mal pesados.*
>
> Monteiro Lobato, *Negrinha*

Na formação de professores, há diversas questões de âmbito político-pedagógico que me parecem pouco tangenciadas. São exemplos delas as crianças e os adolescentes em situação de risco, as populações migrantes e imigrantes, o relacionamento entre escola e família, as especificidades de escolas públicas e particulares; e entre tantos esquecimentos e imprecisões está, a meu ver, o debate sobre a condição e a educação de crianças negras. Na escolha do tema, foi também relevante o fato de eu ser uma educadora negra.

1. Análise de artigos sobre o negro e a educação no Brasil, segundo publicações da Fundação Carlos Chagas nas décadas de 1980 e 1990.

O desafio deste trabalho foi interpretar o discurso pedagógico relativo à questão racial publicado nos *Cadernos de Pesquisa*, da Fundação Carlos Chagas, durante as décadas de 1980 e 1990.

Antes da escolha desse periódico, busquei artigos sobre o tema em outros, como a revista *Educação & Sociedade*, a *Revista Brasileira de Estudos Pedagógicos* e a *Revista da Faculdade de Educação*[2], e neles encontrei uma quantidade irrisória de publicações. Isso para mim foi bastante significativo, pois, como nos alerta Pierre Bourdieu (1995), a ausência pode significar muita coisa.

> Para explicar o discurso, é preciso conhecer as condições de constituição do grupo no qual ele funciona: a ciência do discurso deve levar em conta não somente as relações das forças simbólicas que se estabelecem no grupo em questão — que fazem que alguns estejam impossibilitados de falar (por exemplo, as mulheres) ou devam conquistar seu público enquanto outros estão em país dominado —, mas também as próprias leis de produção do grupo que fazem que certas categorias estejam ausentes (ou representadas somente por porta-vozes). Essas condições ocultas são determinantes para compreender o que pode ou não ser dito num grupo. (Bourdieu, 1995, p. 163)

A leitura aponta especialmente para duas pesquisadoras do assunto: Regina Pahim Pinto e Fúlvia Rosemberg, ambas brancas e com participação relevante nos debates sobre o tema ao longo dessas duas décadas.

Se considerarmos os mapas de escolaridade encontrados no Índice de Desenvolvimento Humano (IDH)[3], bem como os dados contidos no *Mapa da população negra no mercado de trabalho*, publicado em 1999 pelo Instituto Sindical Interamericano pela Igualdade

2. A *Revista da Faculdade de Educação* foi publicada entre 1975 e 1998. A partir dessa data, passou a ser editada com o título *Educação e Pesquisa*. [N. E.]

3. Foi criado em 1990 pelo Programa das Nações Unidas para o Desenvolvimento (Pnud), visando acompanhar o progresso em desenvolvimento humano em diversos países do mundo.

Racial (Inspir)[4], não será preciso muito esforço para compreender a extrema necessidade de diminuir as desigualdades socioeconômicas a que está submetida a população negra ou parda de nosso país, um total de 43,7% da população brasileira[5].

Essa condição de desigualdade não é segredo para ninguém. Teve origem com a escravidão no período colonial (séculos 16-19). Naquele período, estruturou-se uma pirâmide social cuja larga base foi alicerçada pela população escravizada negra e indígena. Para justificar a dominação, alimentou-se a ideia de superioridade branca diante das populações marginalizadas. Um longo processo no qual houve contato dos europeus com povos de aparência e hábitos diferentes fez que aqueles prejulgassem sua cultura mais forte e civilizada. Os europeus associaram os "novos povos" a animais.

Pode parecer mote recuperar aspectos históricos para justificar o interesse pelo tema, bem como trazer embaraços, visto que a realidade atual é frequentemente descolada do passado. Pensar dessa maneira é de alguma forma condizente com a estruturação do pensamento na pós-modernidade. A orientação dada por esse paradigma pode levar a um maravilhamento perante a tecnologia e as modificações rápidas. Pode haver uma tendência à aceitação de explicações superficiais que considerem apenas alguns aspectos da realidade. Isso permite que o momento atual seja compreendido como algo estagnado no tempo: sem presente, passado ou futuro.

Por outro lado, o contato com os referidos artigos deixa claro que a discussão sobre a maneira como é contada e escrita a história do Brasil é muito relevante para o segmento negro. Grande parcela dos textos examinados foi publicada nos meses de maio ou novembro. Revelam a ênfase dada às datas reservadas para a comemoração da "libertação dos escravos" e "morte de Zumbi de Palmares — Dia da Consciência

4. Fruto de uma articulação entre centrais de trabalhadores brasileiras — Central Única dos Trabalhadores (CUT), Central Geral dos Trabalhadores (CGT) e Força Sindical — junto com a Federação Americana do Trabalho e Congresso de Organizações Industriais (AFL-CIO) e a Organização Regional Interamericana de Trabalhadores (Orit).
5. Dados do censo de 2022 realizado pelo Instituto Brasileiro de Geografia e Estatística (IBGE) mostram que negros e pardos são 55,5% da população brasileira. [N. E.]

Negra". Esse dado já remete aos aspectos da descontinuidade da reflexão que envolve relações raciais e educação. Ocorre que as questões raciais e o conflito gerado por elas têm sido vivenciados diariamente pela sociedade brasileira. A escola é lócus privilegiado para a emergência desses embates, porque ali se encontram crianças e adolescentes pertencentes a diferentes grupos fenotípicos.

Frequentemente os artigos exaltam uma necessidade de que as discussões sobre a pluralidade social de nossa população sejam tratadas como tema transversal. Sugerem que os profissionais estejam atentos às diferenças sociais, econômicas, culturais, políticas e religiosas e suas especificidades no calendário escolar, substituindo as datas comemorativas, que fazem que as reflexões estejam fadadas a um momento do ano letivo. A proposta parece contraditória à prática das publicações, pois estas não abandonam as datas.

A edição n. 63 dos *Cadernos de Pesquisa*, publicada em novembro de 1987, constitui um marco para debater a relação entre negro e educação. É uma edição especial: seus artigos são fruto dos debates promovidos durante o seminário "O Negro e a Educação", realizado em dezembro do ano anterior, com a colaboração do Conselho de Participação e Desenvolvimento da Comunidade Negra do Estado de São Paulo e apoio financeiro da Fundação Ford.

Esse documento tornou-se referência para boa parte dos trabalhos acadêmicos posteriormente desenvolvidos, bem como subsídio para as discussões da Constituinte de 1988, do Estatuto da Criança e do Adolescente, da Lei n. 9.394 de Diretrizes e Bases da Educação Nacional (LDB) e, finalmente, dos Parâmetros Curriculares Nacionais (PCN) para o ensino fundamental e médio. Além disso, boa parte da revisão dos livros didáticos leva em conta os pontos salientados nesse encontro.

Em 1992, Regina Pahim assina o artigo "Raça e educação: uma articulação incipiente", no qual avalia os enfoques dados nas publicações dos *Cadernos de Pesquisa* sobre o assunto até aquela data. Parte de meu trabalho parecia ter sido realizado. Ao encontrá-lo, pensei em desistir do tema. Reconsiderei minha posição porque valeria a pena que um pesquisador e educador negro refletisse sobre o conteúdo.

Segundo a autora, as publicações privilegiam três enfoques: a representação das categorias étnico-raciais no material didático e paradidático, a análise das estatísticas educacionais em virtude da raça/cor da população e a identidade/socialização da criança negra.

Após a sua análise, poucos artigos retomaram o tema ao longo das publicações. Como sugestão, Regina Pahim colocava a necessidade de estudos que apontassem para a elaboração de propostas e experiências que subsidiassem o professor no desempenho de seu trabalho, a fim de que conseguisse dar conta de sua interação com e entre alunos de diferentes segmentos raciais em sala de aula.

Depois desse trabalho, as temáticas das publicações tornam-se menos restritas à compreensão da realidade da população negra no Brasil. Aparecem estudos sobre a dificuldade de relacionamento étnico em outras regiões do planeta, bem como a reflexão sobre a constituição da branquitude. Portanto, dividirei meu foco em quatro blocos:

1. Publicações anteriores a 1987.
2. Edição n. 63 da revista *Cadernos de Pesquisa* (nov. 1987).
3. Publicações posteriores a 1987.
4. Repercussões nos PCN, no item pluralidade cultural.

O primeiro artigo publicado nos *Cadernos de Pesquisa* sobre raça e educação é datado de 1979. Mais do que um relatório de pesquisa ou um artigo subsidiado por dados e números, o que se observa é um desabafo de militantes negros.

Intitulado "A criança (negra) e a educação", o artigo acusa a população branca de dominadora, denunciando, entre outras coisas, as condições de discriminação da população negra e, de alguma forma, propondo uma reação mais radical perante esse contexto.

Artigo breve. Foi escrito por Maria do Carmo Luiz, Maria Nazaré Salvador e Henrique Cunha Júnior, do estado de São Paulo, militantes de grupos e centros de discussão da cultura e história do negro. O primeiro parágrafo é revelador; os autores demarcam abertamente como compreendem a diferenciação entre negros e brancos.

É, sem dúvida, um registro de dor e indignação, diante da compreensão de que a criança branca nunca é designada como tal porque o termo "criança" deixa subentendida a condição racial, ao passo que o referencial negro é sempre utilizado para crianças pertencentes a esse grupo.

As denúncias vão contra a valorização da cultura branca em nossa sociedade e a estigmatização do negro como jogador de futebol, sambista ou alcoólatra. Em outro item, reflete-se sobre a educação dada às crianças negras por seus familiares, que as induz à obediência e à submissão. Aponta-se, ainda, o sofrimento das meninas com relação à textura do cabelo.

A escola é criticada por sua prática de aplicar testes de QI e por promover uma dinâmica de convivência no ambiente escolar que, em última análise, parece direcionar a criança negra para atividades de trabalho físico, limitando suas possibilidades de questionamento e contribuição para além dos interesses da sociedade branca.

Segundo os autores, nos currículos está ausente a história da África. Acreditam que, de alguma forma, esse conteúdo levaria ao crescimento da autoestima das crianças, que, sem outros referenciais, envergonham-se de sua aparência. Acrescenta-se a isso o fato de que circulam na escola apelidos pejorativos e, na sociedade, a imagem negra está ausente em brinquedos e nos meios de comunicação. Se, porventura, chegam a aparecer, estão representados em personagens engraçados ou de nível intelectual inferior.

Mesmo sem comprovação, acredito que a denúncia desses aspectos foi pertinente, ainda que duas décadas após essa publicação as coisas pareçam estagnadas. Todavia, a história dos *Cadernos de Pesquisa* revela um esforço no combate a esse quadro.

No mesmo ano, o artigo de Maria Lúcia Mott analisa a iconografia produzida sobre o negro nos relatos de viajantes que passaram pelo Brasil no século 19. O texto é interessante, pois ajuda a pensar a respeito de como teriam sido gestados os discursos discriminatórios sobre a população, além de tentar compreender a inserção da criança negra na sociedade escravista.

De 1979 até 1985, não se fala no assunto. E é nesse ano que Regina Pahim inaugura o debate com um estudo sobre a representação e a abordagem dispensada às etnias indígenas no contexto escolar, focalizando o currículo, o livro didático, o professor e o aluno. É um estudo exploratório que não tem como ponto central a discussão sobre a peculiaridade negra. Há ali uma preocupação com os indígenas que serve de mote para que ela introduza a discussão sobre uma sociedade multicultural. A pesquisadora compara o ensino da questão indígena desenvolvido em escola pública e particular.

A análise feita sobre os livros didáticos revelava que, quando abordavam a questão indígena, não a contextualizavam e, além disso, avaliavam negativamente os hábitos e costumes do grupo em questão. O trabalho também apontou as dificuldades que os professores enfrentavam ao trabalhar esse tema, visto que nem mesmo os cursos de licenciatura davam diretrizes para fazê-lo. Eram também um fator complicador para o desenvolvimento do currículo as precárias condições de trabalho do professor, que o impediam de elaborar atividades interdisciplinares consideradas mais adequadas para a abordagem dessa temática.

Por fim, o artigo discute a importância desse conteúdo para a formação dos alunos e tenta perceber como educandos de escolas particulares e públicas interpretam a questão indígena. O indígena é visto por eles como "outro", com costumes diferentes, que se dobra perante o poder do branco. Entretanto, nessa análise ficou constatado que o aluno da escola particular consegue perceber a disputa do território indígena pelo branco e as consequências negativas dessa luta, ao passo que entre os de escola pública predominou a referência aos traços culturais indígenas.

A autora caracteriza o currículo da escola particular como voltado para a formação de um pensamento crítico, já a pública como mais conservadora, tendo como suporte o livro didático.

Em 1987, na tentativa de realizar uma revisão bibliográfica sobre a relação entre população negra e educação, Regina Pahim publica um artigo voltado para questões raciais com dados sistematizados, informações e reflexões sobre a educação de negros no país. Primeiramente, ela constata a ausência de estudos na área, percebendo a dispersão de trabalhos, tanto no campo da sociologia quanto no da antropologia, disciplinas que abordam tangencialmente a educação. Distingue duas correntes teóricas no campo da sociologia que divergem sobre a questão do negro brasileiro.

A primeira está ligada originariamente à obra de Gilberto Freyre, na qual é postulada a existência de uma democracia racial: de acordo com suas ideias, amplamente difundidas em obras como *Casa grande e senzala* e *Sobrados e mucamos*, negros, índios[6] e brancos convivem harmoniosamente, sem diferenças, exclusão nem repressão.

A segunda, liderada por Florestan Fernandes e que depois veio a denominar-se "Escola de São Paulo", a partir de análises de caráter histórico-estrutural aponta para uma profunda desigualdade entre os segmentos branco e negro da população.

Há ainda, no texto de Regina Pahim, as observações de Carlos Hasenbalg, que faz uma crítica às pesquisas do grupo de São Paulo. Segundo ele, nesses estudos, as relações raciais são analisadas com base no processo de desagregação do sistema escravista e de constituição de uma sociedade de classes. Para esse estudioso, os "intelectuais progressistas" reduzem os problemas dos negros e dos mulatos àqueles da classe operária e das massas populares. Além disso, Hasenbalg critica a ideia otimista desse grupo de que, com o desenvolvimento da industrialização, a discriminação racial tenderá a desaparecer. Para ele, não se trata apenas de uma questão econômica, mas também de oportunidades desiguais de ascensão e de práticas discriminatórias impregnadas em nossa cultura.

Mesmo assim, o debate sobre a educação é incipiente. Até mesmo Hasenbalg, segundo Regina Pahim, trabalha os dados sobre educação somente na perspectiva de mobilidade social. Não deixa um lugar para se aprofundar a análise, visando desvendar o significado da educação para esse segmento da população.

6. Em alguns casos ao longo do livro, a palavra "índios" foi mantida porque a autora está dialogando com obras escritas em outra época.

Esse artigo pareceu-me uma pré-sistematização para o encontro "O Negro e a Educação", que foi realizado no mês de dezembro daquele mesmo ano e envolveu diversos pesquisadores da Fundação Carlos Chagas. A autora dá um diagnóstico prévio da educação no contexto teórico dos trabalhos sobre o negro brasileiro; aponta dados de interesse sobre sua educação e reflete sobre as consequências de sua escolarização, além de apontar experiências de resistência e perspectivas. Entretanto, deixa clara a dificuldade de encontrar dados sobre a educação dos negros no país.

UM MOMENTO HISTÓRICO ESPECIAL: O SEMINÁRIO E A PUBLICAÇÃO DO N. 63 DOS *CADERNOS*

Os discursos realizados em dezembro de 1986 durante o seminário foram publicados em novembro de 1987, quase um ano depois do evento. Nele houve cinco mesas que abordaram as seguintes temáticas: diagnósticos — análise de dados e do sistema escolar; processo de socialização da criança e formação da identidade; currículo — propostas e experiências de implantação; livro didático — análise e propostas; relato e avaliação de experiências educacionais, além do posfácio e da agenda (relação de entidades e participantes do encontro).

A publicação chama atenção à primeira vista, pois traz na capa a foto de uma menina negra muito triste, com um lenço na cabeça, as orelhas à mostra e um profundo ar de analfabeta. Traz, ainda, imagens de Nelson e Winnie Mandela, crianças negras tristes e enfeiadas e imagens de partes do rosto negro masculino com enfoque nos olhos e no nariz. É marcante, na diagramação e estruturação de imagens, a ênfase dada ao contraste entre branco e preto. Elas nos sugerem o retrato de uma população inegavelmente pobre, triste e esquecida.

O encontro, ao pensar alternativas práticas e teóricas para a questão racial, teve um caráter denunciativo e também fez um diagnóstico dos problemas relacionados à questão. Penso que tenha sido uma infelicidade esse encontro chegar à realidade brasileira com tanto atraso. Ao longo do século 20, a assimilação de grupos europeus e asiáticos apresentou maiores progressos do que o que aqui se constata quanto aos negros/as brasileiros/as. Em 1987, já eram cem anos de atraso.

A análise de dados estatísticos logo apontava para a dificuldade de se obter um mapa das condições socioeducativas dessa parcela da população brasileira, visto que os censos, até aquele momento, tinham falhado em caracterizar negros e brancos. Havia naquela caracterização um empecilho teórico-prático, que era a definição de quem seria considerado mestiço, pardo ou moreno. A dificuldade conceitual pôde ser vivenciada tanto pelo entrevistador do censo quanto pelo entrevistado. Abriu-se o debate sobre os conceitos de cor e raça, e reafirmou-se a necessidade de estabelecer uma categorização que desse maior clareza à estruturação racial de nossa sociedade para que se pudessem pensar as práticas educativas.

Os dados sobre a participação da população negra no mercado de trabalho, apresentados por Miguel Chaia, eram desanimadores. Com base em dados do Departamento Intersindical de Estatística e Estudos Socioeconômicos (Dieese), afirmava-se que era evidente, nessa população, baixa qualificação profissional, baixo nível de instrução e, em consequência, baixos salários. O texto ainda deixava no ar uma pergunta: os poucos negros com ensino superior completo trabalham na sua área de formação universitária?

No que se refere ao desempenho escolar, Fúlvia Rosemberg denuncia que são os alunos negros que, em decorrência da pobreza, têm dificuldade de permanecer na escola. São os mais reprovados e os que mais saem do sistema escolar e a ele voltam. Em todos os dados comparativos, verifica-se a defasagem do grupo negro em relação aos brancos no que tange à escolaridade. A autora conclui que a trajetória escolar do aluno negro é mais difícil e mais curta do que a dos brancos, e as pesquisas sobre os sistemas de ensino não incorporam diagnósticos e propostas voltados para os segmentos raciais. Segundo ela, o maior impedimento para a conclusão dos ciclos escolares não seria o ingresso no mercado de trabalho, mas a vivência dos processos intraescolares.

Foram observadas diferenças importantes entre as escolas normalmente frequentadas por alunos negros e aquelas frequentadas por brancos, indicando que, por fatores como localização geográfica e duração da jornada, a população negra é levada a frequentar escolas que também são carentes. Isso indicaria que, no sistema escolar, predomina a ideia de que criança negra equivale a criança pobre. Em seguida, depois de se referir à segregação espacial, a autora menciona o sistema de cotas para negros em escolas de melhor qualidade. É um tema complexo, que ainda hoje está na pauta dos debates.[7]

Foi em Carlos Hasenbalg, no texto "Desigualdades sociais e oportunidades educacionais", que encontrei o primeiro referencial teórico da sociologia. Esse autor sustenta sua análise em Pierre Bourdieu, segundo o qual

> as crianças das classes populares, através de sua socialização primária, dentro da família, não adquirem o capital cultural e linguístico que as habilite a decodificar o tipo de mensagem que a escola transmite, mensagem que está, digamos assim, armada em termos do que Bourdieu chama de cultura dominante ou cultura legítima. (*Cadernos de Pesquisa*, 1987, p. 24)

Em sua participação, Hasenbalg demonstra visível indignação diante dos mecanismos de discriminação presentes na maneira como as classes médias mantêm e defendem seu *status*, que, no limite, recusa a criança pobre. Ao ser "expulsa" da escola de classe média, essa criança seria obrigada a procurar uma escola indicada para crianças pobres ou faveladas.

É também nesse autor que encontramos uma crítica ao trabalho dos professores, considerados mal aparelhados. Em sua análise, Hasenbalg ressalta que em escolas cuja identidade é positiva professores e pais tendem a estimular um bom rendimento dos alunos, mas, em escolas

7. Sancionada em 2012, a Lei n. 12.711, conhecida como Lei de Cotas, reserva no mínimo 50% das vagas em universidades e institutos federais para estudantes que cursaram todo o ensino médio em escolas públicas. Em novembro de 2023, foi sancionada uma ampliação da legislação. A renda familiar máxima para participar das cotas passou de 1,5 para um salário mínimo por pessoa e os quilombolas tornaram-se beneficiários do sistema. [N. E.]

sem recursos, estaria circulando a ideologia da impotência — ou seja, ninguém acredita na possibilidade de fazer alguma coisa que gere sucesso. Em sua conclusão, alfineta a estrutura dos livros didáticos, que, segundo ele, veiculam o racismo.

O último integrante dessa mesa pertencia ao movimento negro e acusava a instituição escolar de silenciar diante dos problemas relacionados ao racismo. Sua fala contém muita indignação e também grifa o problema dos livros didáticos, da construção da história do negro brasileiro, da luta e resistência da população negra, e a imposição de um ego branco para as pessoas negras. Os professores são acusados de gerar um paradoxo na escola, impossibilitando a existência de indivíduos diferentes, pois estariam criando um modelo de sociedade que pune os que não se enquadram.

Sua afirmação não é diferente da que está apresentada na tese de mestrado de Eliane Cavalleiro (2000). Segundo a autora, desde a educação infantil, a criança negra aprende a ser discriminada e a não reagir quando é agredida.

O enfoque da segunda mesa residiu na formação da identidade negra perante a sociedade com valores de hegemonia branca. Helena Theodoro Lopes, em sua fala, relembra que o preconceito racial está introjetado em todas as pessoas, pois vivemos o mito da democracia racial, e comenta as dificuldades das relações entre negros e destes com os brancos. No final, conclama o povo negro a tomar voz e a cuidar de seu destino por si mesmo.

João Baptista Borges Pereira explanou sobre a identidade da criança negra. Sugeriu que fosse realizado um incessante trabalho de desestigmatização da imagem do negro, divulgada do livro didático à mídia, somado à ação de um professorado socialmente mais responsável.

Há ainda a participação de Maria de Lourdes Teodoro, Henrique Cunha Junior e Irene Maria Ferreira Barbosa, e aos poucos os discursos redundam. Tudo gira em torno da opressão do branco, do livro didático e dos professores mal preparados para lidar com a questão racial, discriminando e excluindo sistematicamente as crianças negras, num violento e perverso processo de mitigação da identidade e da autonomia.

Por fim, o caderno traz um conjunto de experiências educacionais voltadas para o enfrentamento dos problemas raciais. Entre elas, chama a atenção a experiência relatada por Idelzuita Rabelo da Paixão, que, em uma escola estadual em Mimbó, Piauí — local onde moram remanescentes de um quilombo —, é a um só tempo faxineira, inspetora de alunos, professora, merendeira e diretora.

Nos relatos, são apresentadas experiências esparsas em nosso país. Elas estavam sendo desenvolvidas por entidades e grupos negros que geralmente visavam resgatar a história e as manifestações culturais da população negra, trabalhando com o objetivo de conscientizar as comunidades escolares sobre a questão racial, bem como aprofundar seu estudo no Brasil.

Os debates demonstraram que essas iniciativas eram marginais ao sistema de ensino; todavia, discutia-se a necessidade de integrar a temática ao cotidiano escolar e às reflexões sobre políticas públicas. As experiências variavam desde a promoção de ciclos de palestras, a comemoração de datas significativas e a produção de material didático alternativo até a oferta de cursos especiais (marcenaria, artesanato, dança afro, pintura, capoeira, folclore, religião afro-brasileira, pesquisa sobre comunidade negra). Há ainda a formação de grupos específicos de mulheres, visando discutir a discriminação e a opressão sofrida por elas.

Em muitos relatos, é premente uma dor inesquecível por parte dos que se percebem discriminados. Refletindo sobre esse assunto, penso no quanto a dor expressa naquele momento precisa ser explicitada ainda hoje, para que aos poucos seja objeto de reflexão, a fim de que deixe de ser produzida. Parece-me uma dor coletiva, que pode, de alguma forma, levar à busca de responsáveis por ela. Esse processo pode se tornar perigoso, pois se há vítima há culpado. À medida que o debate ganhar espaço social, se for permitido que os negros sejam transformados em vítimas, corre-se o risco de que, mecanicamente, os brancos sejam compreendidos como algozes.

É importante ressaltar que somos, negros e brancos, produtos do processo histórico que introduziu o modo de produção de *plantation* em nosso país após o século 16. A forma como foram estruturadas as relações sociais naquele momento atravessa a história. Todavia, esse processo não pode ser compreendido como determinista. Acredito que, assim como é dolorido para um negro reconhecer-se oprimido, para um branco não deve ser confortável a pecha de opressor, explorador. Não há dúvida de que, no embate racial em nosso país, os brancos estão na condição de beneficiários das estruturas históricas. Não há integração nem democracia racial. O preconceito racial é uma realidade entre nós e só pode ser compreendido quando estudadas as microrrelações. Há negros e brancos que creem na "democracia racial", mas há também os que conseguem defender uma sociedade com maior justiça social para todos.

É marcante, nos relatos de experiências, a necessidade de incluir a questão racial no currículo das escolas, tendo o cuidado de não folclorizar a atividade. O caminho apontado seria a mudança dos livros didáticos e o investimento na formação de professores.

POUCA PRODUÇÃO E AUSÊNCIA DE NOVAS PESQUISAS

Após o documento editado em 1987, seguiram-se, em grande parte, a retomada dos debates lançados naquele momento e a permanência dos autores que participaram do encontro. Esmeralda Negrão (1988), na edição n. 65, discorre sobre a presença de preconceito e discriminação nos livros didáticos e infantojuvenis.

Segundo a autora, as pesquisas realizadas por norte-americanos comprovavam que os livros didáticos e infantojuvenis eram destinados à criança branca. Ela também comenta o fato de os pesquisadores brasileiros identificarem em nosso material didático uma distorção no relato dos fatos históricos e a ausência de justificativas confiáveis para a escravidão negra no Brasil. É facilmente encontrada uma falsa ideia de que o negro chegava a ser considerado membro da família proprietária do engenho, além do esquecimento da cor de personagens históricos positivos, como Machado de Assis, Luís Gama e José do Patrocínio.

Em 1989, Germán W. Rama mostra como as mudanças no panorama latino-americano repercutem nos sistemas educacionais, na estrutura ocupacional e nos mecanismos de mobilidade social. Conclui que a educação não atua necessariamente como agente de integração cultural. Ao contrário, mantém uma estrutura segmentada e uma hierarquia social na qual as barreiras definidas pela cor da pele são reforçadas por novos mecanismos de exclusão social, advindos da implantação do capitalismo industrial na América Latina.

Em 1990, Carlos Hasenbalg e Nelson do Valle Silva apresentam novamente um quadro comparativo entre a oportunidade de escolarização dos brasileiros de acordo com a variável racial, reforçando a desvantagem dos grupos negros e pardos nesse sentido.

O número 79 dos *Cadernos de Pesquisa* traz um artigo de Thomas Skidmore (1991) que aponta as dificuldades do Brasil para caracterizar sua população quanto à variável cor. Afirma também que é como consequência desse problema que a elite brasileira ofereceu aos negros uma resposta engenhosa, invertendo o pressuposto básico da supremacia branca apoiado pelo mito da democracia racial.

Na sequência, até 1992, encontrei publicações sobre o tema nos meses de maio e novembro (Hasenbalg e Silva, 1990; Rosemberg, 1991; Skidmore, 1991), cujo conteúdo é redundante em relação ao que havia sido publicado antes. Em 1992, Regina Pahim escreve um artigo em que analisa as publicações do periódico procurando traçar um panorama dos discursos a respeito do assunto, identificando nos estudiosos do tema uma tendência maior para o uso de referenciais teóricos da sociologia e da antropologia. Aponta, além disso, uma lacuna nas pesquisas sobre o assunto, visto que não abrangem o espaço escolar e as atitudes da equipe escolar perante a questão racial. Pesarosa, conclui que o assunto não teria sensibilizado pesquisadores da área da educação.

Mesmo diante desse alerta, o próximo artigo encontrado só foi publicado em fevereiro de 1995; escrito por Nelio Bizzo, aborda a eugenia. A análise pretendera ampliar a discussão racial, incluindo os embates étnicos. É preocupante perceber, na leitura desse artigo, que teorias científicas se tornam suportes ideológicos que justificam as diferenciações raciais.

Ainda em 1995, Ana Lúcia Valente apresenta uma proposta de combate ao racismo nas escolas, para a faixa etária de 12 meses a 6 anos. A autora relata sua experiência desenvolvida em Campo Grande (MT), pontuando as dificuldades para trabalhar as questões raciais. Entre elas, considera importante lembrar que debates sobre questões de classe são mais facilmente incorporados pelo Estado no estabelecimento de políticas públicas, o que pode prejudicar o tratamento das especificidades do tema, como gênero, raça e geração.

Em 1996, Fúlvia Rosemberg apresenta um estudo alicerçado por dados estatísticos que revela a situação complicada da educação pré-escolar quando observado também o aspecto racial. Assim, nota-se uma discriminação duplamente presente — condições de trabalho e escolaridade aviltantemente precárias para crianças e mulheres negras.

Em 1999, o artigo de Henry Giroux reflete sobre a branquitude, demonstrando a necessidade de compreender-se também a dimensão da construção histórica cultural e política da população branca.

O último artigo encontrado é de novembro de 1999, de autoria de Regina Pahim Pinto. Nele, a autora debate as diferenças étnico-raciais e a formação de professores. É inegável a contribuição da Fundação Carlos Chagas para a discussão racial em educação. Todavia, o que posso observar é que o trabalho realizado é incipiente para duas décadas. Trata-se de um conjunto de 42 artigos, dos quais 30 compõem a edição n. 63.

PARÂMETROS CURRICULARES NACIONAIS E PLURALIDADE CULTURAL

Desde o início dos anos 1980, parte dos debates sobre a questão racial foi materializada nos *PCN — Pluralidade Cultural.* Creio ter sido uma tentativa de evidenciar as diferenças culturais e raciais, integrando-as ao currículo e atendendo a reivindicações do movimento negro. Há nesse documento uma vasta discussão teórica, mas por vezes fica-me a impressão de bricolagem, caleidoscópio. O texto não está integrado, não há um corpo de ideias que ajudem a orientar e justifiquem as ações propostas.

Ali, apesar das críticas ao longo dos últimos anos, pode-se identificar o mito da democracia racial. É a ideia de que no Brasil não há preconceito. Todos são iguais, têm os mesmos direitos.

Encontrei nos *PCN — Pluralidade Cultural* referências históricas quanto ao combate à discriminação, mas a leitura depreende que ela é específica para a realidade da população negra. Há uma identificação entre o conceito de pluralidade cultural e assuntos pertinentes à raça negra.

> Movimentos sociais, vinculados a *diferentes comunidades étnicas*, desenvolveram uma história de resistência a padrões culturais que estabeleciam e sedimentavam injustiças. Gradativamente conquistou-se uma legislação antidiscriminatória, culminando com o estabelecimento, na Constituição Federal de 1988: 1) *da discriminação racial como crime*. Mais ainda, há mecanismos de proteção e de promoção de identidades étnicas, como a garantia, a todos, do pleno exercício dos direitos culturais; 2) assim como apoio e incentivo à valorização e difusão das manifestações culturais.
> 1. Art. 5º, parágrafo XLII: "*a prática do racismo constitui crime inafiançável* e imprescritível, sujeito à pena de reclusão, nos termos da lei".
> 2. Art. 5º, parágrafos VI e IX: "é inviolável a liberdade de consciência e de crença [...]; é livre a expressão da atividade intelectual, artística, científica e de comunicação".
> A aplicação e o aperfeiçoamento da legislação são decisivos, mas insuficientes. Para construir uma sociedade justa, livre e fraterna, o processo educacional terá de tratar do campo ético, de como se desenvolvem no cotidiano atitudes e valores voltados para a formação de novos comportamentos, novos vínculos em relação àqueles que historicamente foram alvo de injustiças. Mesmo em regiões onde não se apresente uma diversidade cultural tão acentuada, *o conhecimento dessa característica plural do Brasil* é extremamente relevante. Ao permitir o conhecimento mútuo entre regiões, grupos e indivíduos, ele forma a criança, o adolescente e o jovem; 3) para a responsabilidade social de cidadão, consolidando o espírito democrático.

> Reconhecer essa complexidade que envolve a problemática social, cultural e étnica é o primeiro passo. A escola tem um papel fundamental a desempenhar nesse processo. Em primeiro lugar, porque é um espaço em que pode se dar a convivência entre estudantes de diferentes origens, com costumes e dogmas religiosos diferentes daqueles que cada um conhece, com visões de mundo diversas daquela que compartilha em família. Nesse contexto, ao analisar os fatos e as relações entre eles, a presença do passado no presente, no que se refere às diversas fontes de que se alimenta a identidade — ou as identidades, seria melhor dizer —, é imprescindível esse recurso ao Outro, a valorização da alteridade como elemento constitutivo do Eu, com a qual experimentamos melhor quem somos e quem podemos ser. Em segundo, porque é um dos lugares onde são ensinadas as regras do espaço público para o convívio democrático com a diferença. Em terceiro lugar, porque a escola apresenta à criança conhecimentos sistematizados sobre o país e o mundo, e aí a realidade plural de um país como o Brasil fornece subsídios para debates e discussões em torno de questões sociais. (Brasil, 1997, grifos meus)

O texto remete à realidade escolar como lócus positivo para a aprendizagem sobre a diversidade e as questões específicas da raça negra, apontando para a necessidade de formação de professores a fim de combater as desigualdades. Tive, então, a impressão de que pluralidade cultural pode virar ou continuar sendo folclore. O plano aponta para a necessidade do estabelecimento de uma discussão conceitual menos contraditória no que diz respeito às diversidades culturais, mas, ao mesmo tempo, o conteúdo do documento mantém essa contradição.

Observo que o mito da democracia racial que afirma sermos "todos iguais" adquire, no texto, o mesmo patamar de diferenças religiosas, por exemplo. De acordo com o texto, é preciso que saibamos que todos são diferentes e, de alguma forma, isso não implica necessariamente desigualdades.

A contradição evidencia-se, também, porque, ao mesmo tempo que se posiciona contra a visão homogeneizante de povo brasileiro dada pelo ensino de história na escola e nos livros didáticos, fala de múltiplas contribuições para a composição da identidade nacional.

Ao longo de todo o documento pode-se encontrar interessante e vasto referencial teórico, que transforma o debate sobre a pluralidade cultural em um grande caldeirão. Fala-se sobre tudo (católicos, protestantes, indígenas, pobres, ricos, migrantes, população urbana e rural, raça, etnia etc.) e tudo se torna pluralidade. Mas depois de tanto discurso, traça-se uma identificação direta entre pluralidade e raça/etnia.

É sem dúvida uma discussão bonita, bem fundamentada, que desemboca em análise específica para a questão racial. O que era plural aos poucos vira especificidade no documento. Discute-se o medo, que a meu ver não seria característica de todos aqueles considerados diferentes e, para a população negra, constitui traço em sua formação social e cultural.

É tudo muito bem articulado como discurso e chega-se às raias de se propor assuntos e atitudes a serem desenvolvidas com os alunos. Aqui aparece inclusive o aluno trabalhador; até isso é considerado pluralidade cultural. É curioso pensar que não há indicativos para o trabalho com crianças ricas e, por esse prisma, também seriam consideradas de cultura diferente. Acredito que isso não acontece porque está claro que é a cultura desse grupo que fica aceita como dominante.

Está clara a referência ao mito da democracia racial; o que preocupa é o fato de essa referência não ter provocado a compreensão do que seria esse mito, pois a própria estrutura do documento é a prática deste. Fica patente a utilização de discussões encontradas nos artigos estudados, sobretudo na edição n. 63, com prescrições ao professor, somadas à compreensão de um aluno idealizado. Assim, um problema de ordem social tem sua solução alicerçada na crença de que o professor, considerado mal formado, possa fazer isso.

A interiorização da discriminação racial é social e está presente em qualquer instituição socializadora: na família, na escola, na igreja, na comunidade; então, por que a questão racial deve ser tratada exclusivamente pelo professor? Aqui chamo a atenção tanto dos movimentos negros quanto de teóricos que, desde 1987, vêm enfatizando que é preciso que o professor trabalhe o assunto, independentemente de não haver quaisquer negros em diversos espaços de prestígio em nossa sociedade. Ensinar a pluralidade ou vivê-la?

O teor do documento soa-me muito mais como discurso ideológico, lacunar, do que efetivamente uma proposta curricular. Deve-se salientar, entretanto, que o fato de a questão estar posta em um documento pedagógico nacional, mesmo que de forma precária, significa um grande avanço, pois só é possível pensar sobre o que está materializado.

HÁ MUITO POR FAZER

A partir de 1987, as publicações sobre a questão racial nos *Cadernos de Pesquisa* da Fundação Carlos Chagas não me pareceram muito inovadoras. Repetem-se as fontes de pesquisa, um autor comenta a pesquisa do outro. Ou, então, o mito da democracia racial é relembrado. A leitura dos artigos evidencia a ausência de pesquisadores na escola. Como afirmar que o professor não sabe trabalhar e/ou não trabalha as questões raciais se ninguém foi estudar?

Os *PCN — Pluralidade Cultural* deixam clara a necessidade de abordar esse tema; todavia, a grande questão é como fazê-lo sem ampliar os processos discriminatórios em nossa sociedade. É preciso muito debate, esclarecimento, denúncia e pesquisa. Desde 1988, discriminação racial é crime. Mas como comprovar isso se não temos claro em nossa sociedade o que é discriminação racial? Algumas vezes, o que pode parecer uma simples brincadeira é, sem dúvida, um crime.

O documento contém 50 páginas que trazem em seu bojo as contradições no debate sobre o problema étnico-racial brasileiro. Assim, também apresenta as mesmas dificuldades de definições e criação de metodologia para o combate ao preconceito e à discriminação raciais na escola. Reconhece a necessidade de uma escola que valorize as características étnicas e culturais dos diferentes grupos culturais que convivem no território nacional; porém, colocando-as em um mesmo patamar:

> Cerca de 210 etnias indígenas [...], junto a uma imensa população formada pelos descendentes dos povos africanos e um grupo numeroso de imigrantes e descendentes de povos de vários continentes, com

> diferentes tradições culturais e religiosas. A dificuldade para categorizar os grupos que vieram para o Brasil e formaram sua população é indicativo da diversidade, seja o recorte continental ou regional, nacional, religioso, cultural, linguístico, racial/étnico. Portugueses, espanhóis, ingleses, franceses, italianos, alemães, poloneses, húngaros, lituanos, egípcios, sírios, libaneses, armênios, indianos, japoneses, chineses, coreanos, ciganos, latino-americanos, católicos, evangélicos, batistas, budistas, judeus, muçulmanos, tradições africanas situam-se entre outras inumeráveis categorias de identificação. Além disso, um mesmo indivíduo pode vincular-se a diferentes grupos ao mesmo tempo, reportando-se a cada um deles com igual sentido de pertinência. (Brasil, 1997, p. 125)

Como trabalhar a pluralidade cultural? Tudo pode ser considerado plural. Logo, parece que se podem misturar condições diferentes de local de moradia e trabalho com diferenças de origem e religião. Quer dizer que a discriminação pode ser compreendida como um mesmo fenômeno para todos os casos?

Apesar das dificuldades, aspectos complicadores da questão racial apontados nos *Cadernos* de 1987 foram incorporados pelo governo em sua política pedagógica. E infelizmente tornaram-se discurso, visto que a estrutura da sociedade não foi mudada. Em minha modesta e inicial compreensão, acredito ser necessária uma maior elucidação da problemática, pois destacar a questão sem que se mexam nas estruturas das relações sociais parece servir como fator desmobilizador, uma vez que, desde 1987, pouca coisa foi realizada e revelada na construção de conhecimento e nas ações sociais sobre a realidade racial em nosso país.[8]

8. Embora nas últimas décadas tenham ocorrido avanços na conscientização sobre questões raciais, as mudanças estruturais necessárias para abordar profundamente o problema continuam em andamento. É preciso reconhecer que, embora tenha havido progresso na construção de conhecimento e na implementação de ações sociais, ainda há muito a ser feito para de fato enfrentar as disparidades raciais em nossa sociedade. Exemplos de mudança incluem mais políticas de ação afirmativa em determinadas áreas, a criação de leis antidiscriminatórias e a maior representatividade de pessoas negras em postos de poder e visibilidade. No entanto, esses avanços são apenas o começo e requerem um compromisso contínuo e amplo para que alcancemos a verdadeira igualdade racial.

No século 20, os governos republicanos trabalharam para construir a identidade nacional. Nesse intento, constitui-se a crença em uma nação ordeira e progressista dotada de uma natureza benéfica e especialmente formada por três raças valorosas. Temos então uma história singular, construída sem derramamento de sangue. E, diante disso, não há dúvida de que sejamos um país sem preconceitos. Aqui se desconhece a discriminação de raça e credo e a mestiçagem é compreendida como a força de nossa sociedade.

A força persuasiva dessa representação transparece quando vemos em ação uma contradição por vezes imperceptível: pode-se afirmar que os indígenas são ignorantes, os negros são indolentes e os nordestinos são atrasados etc., e mesmo assim orgulhar-se de ser brasileiro porque somos um povo sem preconceitos e uma nação nascida da mistura de raças. É brilhante e irônica a crítica de Marilena Chaui (2000) quando discute o mito fundador do Brasil.

Consultei algumas publicações mais recentes sobre a questão racial. Não é difícil encontrar nelas referências à edição n. 63; ainda que isso não aconteça, os assuntos redundam em torno da mesma estrutura: análise de dados estatísticos, reflexão sobre a construção da identidade de pessoas negras, debates e sugestões para mudanças curriculares, análise de livros didáticos e experiências consideradas inovadoras para a educação de crianças negras.

Reconhece-se que a abordagem da temática não é feita exclusivamente por cientistas. A militância negra tem estado presente em todas as discussões desde a década de 1930, denunciando e reivindicando mais espaço para os afrodescendentes. Estamos muito distantes de uma condição ideal; entretanto, nas escolas públicas, antes nas funções ocupadas quase exclusivamente pela classe média branca, abriu-se espaço para o trabalho de pessoas negras. Já há a possibilidade de um novo modelo, ainda que, infelizmente, isso esteja restrito às escolas frequentadas por populações mais empobrecidas.

Nos anos 1950, Florestan Fernandes, Fernando Henrique Cardoso e pesquisadores a eles vinculados acreditavam que paulatinamente ocorreria a integração racial em nosso país. Não sou tão otimista. Não tenho nítido o que possa vir a acontecer com esta parcela da população marginalizada dos espaços sociais, pois, mesmo quando estamos presentes na condição de exceção em espaços mais privilegiados, isso não significa necessariamente a garantia de integração.

É praticamente impossível encontrar limites entre atos de discriminação e caracterização de incompetência. Nos processos de seleção escolar, ainda parece difícil acreditar-se *a priori* que uma criança negra seja capaz de grandes voos cognitivos. As crianças mais claras são mais estimuladas a isso, e, mesmo que sejam exceção, é o que acontece até mesmo nas periferias.

Pesquisar o assunto é fundamental para compreender como se dão as relações raciais no interior da escola, visto que esse espaço é lócus de relações sociais que estruturam e marcam o processo de socialização. O posicionamento dos grupos sobre as questões raciais é aprendido e internalizado desde a mais tenra idade. E, uma vez que isso acontece, moldam-se comportamentos e estruturam-se formas estigmatizantes de agir/pensar. Modificar esse sistema exige um grande investimento social.

A rejeição precisa ser compreendida pelos educadores, negros ou brancos, porque assim podemos educar crianças para que convivam com as outras sem que riam ou chorem por causa de seus olhos, seus lábios, sua cor da pele ou textura capilar.

REFERÊNCIAS

Bizzo, Nelio Marco Vincenzo. "Eugenia: quando a biologia faz falta ao cidadão". In: *Cadernos de Pesquisa*, n. 92. São Paulo, Fundação Carlos Chagas, p. 38-52, fev. 1995.

Brasil. Secretaria de Educação Fundamental. *Parâmetros Curriculares Nacionais — Pluralidade cultural, orientação sexual.* Brasília: MEC/SEF, 1997. Disponível em: http://basenacionalcomum.mec.gov.br/images/pcn/pluralidade.pdf. Acesso em: 14 dez. 2023.

Cadernos de Pesquisa [CP]. Raça negra e educação, n. 63. São Paulo, Fundação Carlos Chagas, nov. 1987. (37 artigos). Disponível em: https://publicacoes.fcc.org.br/cp/issue/view/96. Acesso em: 14 dez. 2023.

Giroux, Henry. "Por uma pedagogia e política da branquitude". *Cadernos de Pesquisa*, n. 107, p. 97-132, jul. 1999.

Hasenbalg, Carlos A. "Desigualdades sociais e oportunidade educacional". *Cadernos de Pesquisa*, n. 63. São Paulo, Fundação Carlos Chagas, p. 24-26, maio 1990.

Hasenbalg, Carlos A.; Silva, Nelson do Valle. "Raça e oportunidades educacionais no Brasil". In: *Cadernos de Pesquisa*, n. 73. São Paulo, Fundação Carlos Chagas, p. 5-12, maio 1990.

Luiz, Maria do Carmo; Salvador, Maria Nazaré; Cunha Júnior, Henrique. "A criança (negra) e a educação". *Cadernos de Pesquisa*, São Paulo, n. 31, p. 69-72, dez. 1979. Disponível em: https://publicacoes.fcc.org.br/cp/article/view/1666. Acesso em: 12 ago. 2022.

Mott, Maria Lúcia de Barros. "A criança escrava na literatura de viagens". In: *Cadernos de Pesquisa*, n. 31. São Paulo, Fundação Carlos Chagas, p. 57-68, dez. 1979.

Negrão, Esmeralda. "Preconceitos e discriminações raciais em livros didáticos e infantojuvenis". In: *Cadernos de Pesquisa*, n. 65. São Paulo, Fundação Carlos Chagas, p. 52-65, maio 1988.

Pinto, Regina Pahim. "A escola e a questão da pluralidade étnica". In: *Cadernos de Pesquisa*, n. 55. São Paulo, Fundação Carlos Chagas, p. 3-17, nov. 1985.

______. "A educação do negro: uma revisão da bibliografia". In: *Cadernos de Pesquisa*, n. 62. São Paulo, Fundação Carlos Chagas, p. 3-34, ago. 1987.

______. "Raça e educação: uma articulação incipiente". In: *Cadernos de Pesquisa*, n. 80. São Paulo, Fundação Carlos Chagas, p. 41-50, fev. 1992.

Rama, Germán W. "Estrutura social e educação: presença de raças e grupos sociais na escola". In: *Cadernos de Pesquisa*, n. 69. São Paulo, Fundação Carlos Chagas, p. 17-31, maio 1989.

Rosemberg, Fúlvia. "Raça e educação inicial". In: *Cadernos de Pesquisa*, n. 77. São Paulo, Fundação Carlos Chagas, p. 25-34, maio 1991.

______. "Educação infantil, classe, raça e gênero". In: *Cadernos de Pesquisa*, n. 96. São Paulo, Fundação Carlos Chagas, p. 58-65, fev. 1996.

Skidmore, Thomas E. "Fato e mito: descobrindo um problema racial no Brasil". In: *Cadernos de Pesquisa*, n. 79. São Paulo, Fundação Carlos Chagas, p. 5-16, nov. 1991.

Valente, Ana Lúcia E. F. "Proposta metodológica de combate ao racismo nas escolas". In: *Cadernos de Pesquisa*, n. 93. São Paulo, Fundação Carlos Chagas, p. 40-50, maio 1995.

SAIBA MAIS

Azevedo, Célia Maria Marinho de. *Onda negra, medo branco. O negro no imaginário das elites — Século XIX*. Rio de Janeiro: Paz e Terra, 1987. (Coleção Oficina da História, v. 6.)

Bourdieu, Pierre. "A economia das trocas linguísticas". In: Ortiz, Renato (org.). *Bourdieu — Sociologia*. São Paulo: Ática, 1995.

Cavalleiro, Eliane. *Do silêncio do lar ao silêncio escolar — Racismo, preconceito e discriminação na educação infantil*. São Paulo: Contexto, 2000.

Chaui, Marilena. *História do povo brasileiro — Mito fundador e sociedade autoritária*. São Paulo: Fundação Perseu Abramo, 2000.

Guimarães, Antonio Sérgio Alfredo; Huntley, Lynn (orgs.). *Tirando a máscara — Ensaios sobre o racismo no Brasil*. Rio de Janeiro: Paz e Terra, 2000.

Instituto Brasileiro de Análises Sociais e Econômicas (Ibase). Observatório da cidadania. "A educação brasileira na década de 90". *Cadernos do Observatório*, n. 2, out. 2000.

MUNANGA, Kabengele (org.). *Estratégias e políticas de combate à discriminação racial.* São Paulo: Edusp; Estação Ciência, 1996.

SINGER, Paul; BRANT, Vinícius Caldeira. *São Paulo — O povo em movimento.* [Petrópolis]: Vozes; Cebrap, 1980.

VALENTE, Ana Lúcia E. F. "Estado, educação e etnicidade: a experiência belga". In: *Cadernos de Pesquisa*, n. 105. São Paulo, Fundação Carlos Chagas, p. 135-59, nov. 1998.

2. Formação de educadores/as para o combate ao racismo: mais uma tarefa essencial

Cidinha da Silva

Para o Midian, um doce e belo menino negro, que se foi tão cedo e não houve tempo para saber se sabia negro, mas que bobagem, ficaram seus olhos doces e seu sorriso belo de menino-guerreiro-negro sonhando ser artista plástico, músico, poeta... querendo tanto ser feliz.

Para Dudu, Marlus e Sérgio, obrigados a dar um tchau repentino ao amigo inseparável... para eles fica toda a vida para serem felizes e honrarem a alegria de viver do Midian.

POR QUE SE TRATA DE MAIS UMA TAREFA ESSENCIAL?

A educação é uma das áreas em que figura o maior número de experiências concretas e de produção teórica no escopo de trabalhos implementados pelo movimento negro contemporâneo. Desde os primeiros anos da década de 1980, dois aspectos vêm sendo abordados com ênfase: o livro didático e o currículo escolar.

No que tange ao livro didático, denunciaram-se a sedimentação de papéis sociais subalternos e a reificação de estereótipos racistas, protagonizados pelas personagens negras. Apontou-se a medida em que essas práticas afetavam crianças e adolescentes negros/as e brancos/as em sua formação, destruindo a autoestima do primeiro grupo e cristalizando, no segundo, imagens negativas e inferiorizadas da pessoa negra — empobrecendo em ambos o relacionamento humano e limitando as possibilidades exploratórias da diversidade étnico-racial e cultural.

No que se refere aos currículos escolares, chamou-se atenção para a ausência de conteúdos ligados à cultura afro-brasileira e à história dos povos africanos no período anterior ao sistema escravista colonial.

Houve várias iniciativas de inclusão desses temas nos currículos formais de certas escolas ou mesmo de redes de ensino de algumas cidades brasileiras. Entretanto, esbarrou-se no problema da falta de formação do professorado para tratar essas questões em sala de aula.

Nas duas últimas décadas, duas novas linhas de ação têm sido evidenciadas pelo movimento negro: a formação de educadores/as para o combate ao racismo e a produção de recursos didático-pedagógicos alternativos para a discussão do racismo e da discriminação racial e a compreensão das desigualdades geradas por eles.

Sabe-se que um/a profissional capacitado/a estará apto/a a reverter de maneira positiva um material didático eventualmente ruim, bem como a ampliar de modo criativo as pistas que os Parâmetros Curriculares Nacionais (PCN) apresentam. Entretanto, para que esse trabalho seja mais efetivo, é necessário o apoio de recursos didático-pedagógicos alternativos, ou seja, que alterem o *status quo* e apresentem novas possibilidades.

Todo esse esforço teórico e prático tem como objetivo que o professorado compreenda a particularidade da condição racial dos/as alunos/as e, assim, dê um passo para promover a igualdade. É preciso compreender que a exclusão escolar é o início da exclusão social das crianças negras.

O professorado, em geral, não percebe as graves diferenças existentes nos resultados escolares de crianças negras e brancas. Não estabelece relações entre raça/etnia, gênero e desempenho escolar, e não percebe também como essa não percepção interfere na sua conduta. Entretanto, sabe-se que as representações determinam as relações, os comportamentos, as expectativas e as interações sociais. Assim, o despreparo constitui campo fértil para que o racismo se perpetue e a discriminação racial sofra mutações próprias do ambiente escolar.

Esse texto apresenta, em linhas gerais, o curso "Relações Raciais e Educação", desenvolvido e amadurecido pelo Programa de Educação do Geledés — Instituto da Mulher Negra, de 1996 a 2000, em oito estados brasileiros. O curso foi estruturado para propiciar elementos para que os/as educadores/as possam compreender melhor a conformação das relações raciais e de gênero na cultura brasileira e interferir no cotidiano da cultura escolar. Procura-se instrumentalizá-los/as para decodificarem as vozes, os silêncios, os silenciamentos e as práticas discriminatórias produzidos e reproduzidos dentro da escola, por meio das quais se limita a formação de pessoas críticas e reflexivas, que respeitem e explorem a riqueza das diferenças, recusando-se a transformá-las em desigualdades.

EXCLUSÃO ESCOLAR: INÍCIO DA EXCLUSÃO SOCIAL DA CRIANÇA NEGRA

Atentar para o quadro caótico da escola pública no país — com exceção de poucas cidades, que apenas confirmam a regra — auxilia no delineamento do quadro educacional brasileiro, no qual a possibilidade de sucesso de alunos/as negros/as é menor que a dos/as brancos/as.

Um estudo sobre rendimento escolar e relações raciais na escola, construindo um diagnóstico sobre a situação educacional de negros (pretos e pardos) no estado de São Paulo, demonstrou que: 1) para todas as séries do ensino fundamental, o aluno negro apresenta índices de exclusão e repetência superiores ao aluno branco e vê-se excluído do sistema de ensino mais cedo; 2) os estudantes negros apresentam número maior de saídas do sistema escolar e de voltas a ele, o que sugere a dificuldade de interação entre o sistema escolar e o aluno negro, mas também a persistência desse segmento racial, tentando se manter na escola apesar dos desafios; 3) a porcentagem de negros sem atraso escolar é menor que a de brancos; 4) problemas intraescolares são mais significativos na análise das frequentes interrupções temporárias ou definitivas dos alunos negros pela necessidade de trabalhar (Rosemberg, 1987).

Os dados da Pesquisa Nacional por Amostra de Domicílios (Pnad) do Instituto Brasileiro de Geografia e Estatística (IBGE, 1996) ratificam as desigualdades raciais/étnicas na educação; pessoas negras têm menor número de anos de estudo do que pessoas brancas (4,2% de negros e 6,2% de brancos). Na faixa etária de 14 a 15 anos, o índice de pessoas negras não alfabetizadas é 12% maior do que o de pessoas brancas. Ainda segundo a pesquisa, cerca de 15% das crianças brancas entre 10 e 14 anos se encontram no mercado de trabalho, contra 40,5% de crianças negras da mesma faixa etária.

Para de fato compreendermos esses dados, é preciso abordar os mecanismos cotidianos de constituição das desigualdades raciais dentro da escola, as mutações que a discriminação racial sofre no cotidiano escolar. É necessário indagar: quais são as crianças retidas em maior número no sistema escolar? As negras ou as brancas? Quais são os motivos da maior retenção de um grupo racial do que outro? É possível perceber na escola algum tipo de discriminação à criança negra? Qual tem sido o comportamento dos/as educadores/as e da direção da escola em face dos prováveis, às vezes previsíveis, atos de discriminação? Quais são os mecanismos de constituição/seleção da clientela da escola? Depois de responder a essas e outras questões, deve-se refletir, organizar o corpo docente e propor abordagens alternativas da problemática.

Só assim haverá a compreensão fundamental de que a exclusão escolar é o início da exclusão social da criança negra, já que o acesso ao conhecimento sistematizado é condição estruturante para que o repertório cultural das pessoas possa se expandir.

A EXPERIÊNCIA DO NÚCLEO DE EDUCAÇÃO DO GELEDÉS EM CAPACITAR EDUCADORES/AS PARA COMBATER O RACISMO

De 1996 a 2000, o Programa de Educação desenvolveu cerca de 14 cursos em oito estados brasileiros, por meio dos quais definiu a estrutura básica do curso "Relações Raciais e Educação". As atividades aconteceram nas cidades de Belo Horizonte, MG (1996); Curitiba, PR (1997 e 1998); Cáceres, MT, Joinville, SC e Brasília, DF (1998); Porto Alegre, RS (1998, 1999 e 2000); São Paulo, SP e Belém, PA (2000). Elas foram promovidas em parceria com outras organizações do movimento negro, universidades, entidades sindicais e secretarias de educação e cultura de estados e municípios.

A convocação dos/as participantes é feita pela organização parceira local. São prioritariamente professores/as do ensino fundamental e médio em escolas públicas, havendo também alguns professores/as do ensino privado e vários educadores/as populares, corpos técnico e diretivo de escolas, ativistas do movimento negro, *rappers*, profissionais de psicologia e operadores/as do direito. A despeito da filiação profissional variada, há o traço comum da inquietação quanto ao racismo, da busca de orientação e apoio para enfrentar as situações desconcertantes de discriminação racial que ocorrem na sala de aula, no pátio da escola, na sala de professores/as, nas relações pessoais. São pessoas negras e brancas que querem atuar, almejam ir além do confortável silêncio de quem não ri das piadinhas racistas.

A composição racial dos grupos capacitados nas cidades do sul do Brasil é, em geral, branca. Em Cáceres e Belém, houve presença significativa de descendentes de indígenas, e os demais participantes estavam igualmente distribuídos entre negros e brancos; em Belo Horizonte, houve presença maior de educadores/as negros/as; em Brasília, o grupo foi todo formado por negros, por tratar-se de um curso voltado à comunidade negra. Mas, independentemente da diversidade racial, a desproporcionalidade entre mulheres e homens é gritante: as primeiras constituíram entre 85% e 95% das turmas trabalhadas.

A experiência do Geledés ao longo desses anos tem ratificado o princípio de que o/a educador/a bem-preparado/a é um/a multiplicador/a de informações corretas e um fator de alteração contumaz e poderoso das situações de discriminação racial, especialmente no processo pedagógico de ensinar e aprender. Algumas avaliações do curso "Multiculturalismo, Educação e Relações Raciais", ministrado pelo Programa de Educação em 2000 para educadores/as ligados/as ao projeto de ação afirmativa Geração XXI, na cidade de São Paulo, comprovam essa percepção:

> Ao ingressar no curso, não tinha ideia de que esse assunto, preconceito e discriminação racial quanto aos negros nos dias de hoje, causasse tanto impacto; pensei ser coisa passada, pois para mim não há diferenças. (J. C., professor de Física e Matemática do ensino fundamental)

> Sinceramente, ainda não tinha passado pela minha cabeça, ou eu nunca havia prestado atenção no problema da discriminação racial na

educação. Sou da raça branca, mas nunca cometi algum ato com aluno de que eu viesse a me envergonhar depois.
[...] Depois de frequentar o curso, agora eu posso sentir e ver que a criança negra não existe para a educação que nos é imposta, e assim nota-se bem a discriminação racial.
[...] Muitas atitudes passaram despercebidas para mim, até por não conseguir ver maldade nisso; agora vejo quanta humilhação a gente pode causar a uma pessoa sem se dar conta disso. (M. G. M., professora do ensino fundamental)

Enquanto educador, sempre tive o cuidado de expor meus pensamentos para não cometer injustiça ou qualquer tipo de preconceito, mas nunca estive à vontade para abordar alguns temas, por exemplo o racismo contra o negro.
[...] Fiquei mais atento aos rótulos depreciativos dados pelos colegas e mesmo por alguns professores aos alunos negros. Passei então a não aceitar isso como um ato involuntário, não pensado, "sem maldade", mas como um ato preconceituoso e desumano. (N. P., professor de História do ensino fundamental e médio)

Felizmente, o curso superou minhas expectativas e fortaleceu tanto minhas ações pedagógicas quanto minhas relações pessoais. A partir do conhecimento e do entendimento de como se dá o processo de discriminação e exclusão da comunidade negra, a reação, a discussão e conscientização das pessoas para a importância do combate ao racismo acontecem de forma mais abrangente e eficaz. Há alguns anos venho fazendo debates com meus alunos sobre preconceito em geral, e em particular sobre preconceito racial. Depois de ter iniciado o curso, passei a dar maior importância às questões raciais e houve uma sensível melhora na qualidade dos debates e trabalhos em sala de aula. (M. T. R., professora de Português do ensino médio)

Comecei a ver o mundo de uma nova ótica, a observar melhor as atitudes das outras pessoas. Passei também a identificar melhor a reação

> das pessoas e, com isso, a me posicionar diante dessas reações. Agora, reconheço onde estão a discriminação, a segregação e o preconceito.
> Me pego discutindo, reagindo e explicando a minha nova postura. Um dia desses, um grupo de amigas minhas estava admirando um folheto sobre a importância do registro civil em que havia uma criança negra.
> "Como é lindinha!", disseram.
> Mas a minha reação foi a seguinte:
> "Tinha de ser uma criança negra."
> "Mas o que é que tem isso? Na propaganda da TV tem outras crianças", argumentaram.
> "Mas estão insinuando que as crianças negras são as que não têm registros."
> "É mesmo, não havíamos percebido isso." (M. A., professora do ensino fundamental, estudante de Pedagogia)

Pode-se também conhecer o trabalho da professora Wania Pertrini, ex-aluna do curso, publicado em revista especializada de educação.

> Formada há 19 anos, a professora só se sensibilizou sobre o tema (pluralidade cultural e étnica, capítulo dos novos Parâmetros Curriculares Nacionais) após um curso oferecido pelo Geledés. O curso possibilitou que a professora e seus colegas de trabalho passassem a implantar na Escola Municipal de Ensino Fundamental Celso Leite Ribeiro Filho (região central de São Paulo) um programa de discussão sobre pluralidade étnica e racial. Mais do que elaborar projetos pontuais — como semana cultural e dias festivos —, a professora estimula a discussão desses temas a partir de polêmicas levantadas pelos alunos durante as aulas. "Pegamos como gancho, por exemplo, atitudes de um aluno que utiliza fatores étnicos para ridicularizar ou ofender seu colega e, assim, desenvolvemos discussões sobre preconceito e diferenças raciais", explica Wania. Com isso, os profissionais sensibilizam as crianças a tomar atitudes positivas em relação às diferenças raciais e, no caso de alunos vítimas de preconceito, promover sua autoestima e valorizar sua identidade. Apesar de considerar seu trabalho importante, a professora acredita que ainda há

muito a ser feito. "Os professores precisam de mais instrumentos para lidar com a questão. Eles não se sentem à vontade para abordar esse tipo de situação porque não têm tato, não têm experiência." De acordo com Wania, os cursos são uma boa opção para que seus colegas se sintam mais preparados para discutir o assunto com seus alunos.

ESTRUTURA DO CURSO "EDUCAÇÃO E RELAÇÕES RACIAIS"

Por meio de aulas expositivas dialogadas, mostra e discussão de vídeos, leitura e debate de textos e dinâmicas de grupo, desenvolve-se uma ementa que discute os conceitos de racismo, discriminação racial, preconceito/preconceito racial, segregação racial e desigualdades raciais, sua presença e interferência na cultura brasileira e na cultura escolar.

Os objetivos são proporcionar aos/às participantes, pela discussão das relações raciais e da educação no Brasil, elementos para decodificar a "construção da pessoa negra" no imaginário brasileiro e as representações sociais a respeito dessa população, bem como acessar algumas das contribuições da juventude negra para o debate sobre educação e cidadania.

Discutem-se os seguintes conteúdos:

- distinção de conceitos: racismo, discriminação racial, preconceito/preconceito racial, segregação racial e desigualdades raciais;
- cultura brasileira e mitos civilizatórios: a ideologia da democracia racial e do branqueamento e sua influência na cultura escolar;
- estratégias de enfrentamento do racismo no Brasil: a via legal e as ações afirmativas (Projeto Geração XXI);
- estrutura dos currículos escolares: saberes privilegiados *versus* saberes silenciados, negados ou excluídos (saberes produzidos pelos setores organizados da sociedade civil; pelos negros/as no Brasil, na diáspora africana e na África; pelas mulheres como transformadoras do mundo, entre outros);
- breve abordagem dos saberes produzidos pelas culturas juvenis: futebol, quadrinhos, pagode, rock, basquete, bailes, videoclipes, novelas etc., como veículos de comunicação de determinada visão

de realidade, tradutores de interesses, preocupações, valores e expectativas da juventude, mostrando aos adultos o que é verdadeiramente relevante na vida deles;

- definição do movimento *hip-hop*, seus elementos constitutivos, suas várias linguagens: o *break* (dança), o *graffiti* (arte visual) e o *rap* (música);
- debate sobre cidadania proposta pelo movimento *hip-hop* no sistema formal de ensino da cidade de São Paulo na década de 1990.

O dinamismo das atividades é fundamental para o sucesso dos cursos. As pessoas precisam ser convidadas a refletir sobre sua própria identidade racial e sua interação com o mundo a partir dela. Acontecem então muitas descobertas, choques, momentos catárticos — e tudo isso é potencializado para que cada um possa refletir sobre sua prática pedagógica, sobre o racismo presente no meio social como um todo e sobre os mecanismos de produção, reprodução e mutação de preconceitos e discriminações raciais na escola.

Um trabalho inicial de interação lúdica entre os/as participantes também tem se mostrado essencial. É preciso quebrar a tensão dos/as educadores/as, que, embora cheguem muito motivados/as para discutir a problemática racial, sentem-se desestimulados/as, exauridos/as, infelizes com o exercício do magistério em condições tão aviltantes.

Pesquisa da Confederação Nacional dos Trabalhadores em Educação (CNTE-UnB), realizada em 1996, 1997 e 1998 com 26 mil professores nos 27 estados[1], avaliou a situação dos/as professores/as e suas condições de trabalho e concluiu que professores e professoras são as maiores vítimas de uma doença chamada *burnout* — em outras palavras, "queimar por completo", "ser consumido [pelo fogo]". O *burnout* pode ser entendido como uma reação à tensão emocional crônica gerada a partir do contato direto e excessivo com outros seres humanos, particularmente quando estes estão preocupados ou com problemas. É uma síndrome na qual o/a trabalhador/a perde o sentido de sua relação

1. A pesquisa foi transformada em livro (Codo, 1999).

com o trabalho, há um sentimento crônico de desânimo e apatia, de forma que as coisas já não importam mais e qualquer esforço parece inútil. O *burnout* é um sofrimento psíquico gerado pelo tipo de trabalho que os/as professores/as realizam. Francisco das Chagas Fernandes, vice-presidente da CNTE, afirma que "é preciso intervir nos vínculos afetivos que se formam e se conflitam na relação de trabalho entre cuidadores e cuidados, criando modos de operação menos desgastantes, mas que preservem os trabalhadores".

Além dos problemas inerentes a esse tipo de contato humano tão exaustivo, há o tráfico de drogas, a violência policial dentro da escola, pais ausentes, mães solo sobrecarregadas por todas as obrigações familiares, situações de abuso sexual na casa de alunos/as e na vizinhança, crianças e jovens que não vão à escola durante o inverno porque não têm agasalho, gravidez indesejada durante a adolescência, sentimentos de fragilidade e impotência diante dessas situações.

Em consequência de todo esse processo de aniquilamento do/a docente e de sua função como educador/a, vários profissionais dão testemunhos eivados de preconceitos, desconhecimento; outros/as buscam explicações para seus casamentos inter-raciais; outros/as estão doentes e precisam de ajuda psicoterápica e, como não têm consciência ou dinheiro para procurá-la, o curso se torna um lugar possível, acessível para buscar a cura pela palavra. Outros/as querem encontrar amigos/as, sentem-se sozinhos/as e isolados/as em suas inquietações, são ridicularizados/as na escola quando ousam manifestá-las, querem encontrar pessoas afins para compartilhar a busca de soluções. Certamente, a generosidade de Iemanjá e Oxum, senhoras das águas, tem se manifestado para transformar esses maremotos e mangues emocionais em oportunidades pedagógicas de combate ao racismo que não podem ser desperdiçadas.

COMO ENTENDER OS CONCEITOS DE PRECONCEITO, DISCRIMINAÇÃO RACIAL E RACISMO E TRABALHAR COM ELES

Para melhor entender a problemática das desigualdades entre negros/as e brancos/as no sistema escolar, como ponto de partida do curso, conceituam-se o preconceito, a discriminação racial e o racismo.

O preconceito é basicamente uma atitude negativa (é necessário que haja algum referente positivo para comparação) com relação a um grupo ou pessoa, baseando-se num processo de comparação social em que o grupo da pessoa preconceituosa é considerado uma referência positiva. É uma posição psicológica que acentua sentimentos e atitudes endereçados a um grupo como um todo ou a um indivíduo que pertence a ele.

A discriminação, por sua vez, é a manifestação comportamental do preconceito, ou seja, é a materialização da crença racista em atitudes que efetivamente limitam ou impedem o desenvolvimento humano pleno das pessoas pertencentes ao grupo discriminado e, à custa destas, mantêm os privilégios dos membros do grupo discriminador.

A manifestação comportamental do preconceito racial (discriminação racial) cria a desigualdade racial; portanto, o comportamento discriminatório é mais importante que o preconceito racial numa análise histórica e sociológica que tente compreender as relações raciais vivenciadas na escola.

Quanto ao racismo, a primeira dificuldade para defini-lo e assumir sua existência entre nós advém do fato de que ele constitui uma prática social negativa, cruel, humanamente repreensível, com a qual ninguém em sã consciência (afora os/as racistas declarados/as) quer se identificar.

A expansão teórica do racismo deu-se em meados do século 19, a partir de interpretações equivocadas e abusivas das teorias evolucionistas de Charles Darwin. Foi feita uma hierarquização das diferenças de ordem física que se constatam entre os seres humanos, transformando-as em desigualdades, em marcas de superioridade para uns (fenótipo branco/europeu) e de inferioridade para outros (negro/africano).

No caso brasileiro, o enraizamento das ideias racistas deu-se pelas teses de médicos, juristas, escritores, sociólogos e historiadores que buscaram comprovar a suposta inferioridade da população negra e os malefícios da predominância de negros/as no país, durante fins do século 19 e primeiras décadas do século 20. Vale lembrar que a imigração estrangeira — leia-se europeia/branca, posto que nesse período era vedada a entrada no país de pessoas africanas e asiáticas — justificou-se e foi incentivada pela necessidade de "branquear a raça". Não se pode esquecer ainda que o Brasil foi o país que escravizou o maior número de africanos/as durante o sistema escravista colonial e o último das Américas a pôr fim à escravidão. Portanto, a população negra era de fato imensa, e isso levou as elites a fortalecer as teorias racistas e a produzir preconceitos contra as pessoas de origem africana, com o objetivo exclusivo de garantir seus privilégios.

Nos dias atuais, o racismo tem se manifestado de maneira muito evidente, como quando se tenta negar a humanidade das pessoas negras comparando-as, por meio de seus atributos físicos, a coisas, doenças ou animais. Essas comparações são naturalizadas na cultura brasileira, ou seja, de tanto as pessoas brancas inferiorizarem pessoas negras com apelidos, "piadinhas" e gracejos, seguidos de "tapinhas" nas costas e comentários sobre os/as amigos/as negros/as que "até" frequentam sua casa, ou sobre as trabalhadoras domésticas negras, "tratadas como filhas", todo mundo passa a achar que isso é engraçado, louvável, e quem se indigna é "neurótico/a".

Explica-se como o racismo é uma expressão mais ampla que abrange, além do preconceito, hostilidade, discriminação, segregação e outras ações negativas manifestadas em relação a um grupo racial/étnico. O racismo revela-se basicamente em três níveis: individual, institucional e cultural.

No nível individual, o racismo acentua atributos positivos do grupo que se acha superior e atributos negativos do que é inferiorizado, retira a humanidade do grupo racial em posição de inferioridade, transforma as diferenças em desigualdades. Uma pessoa julga-se superior a outra simplesmente por pertencer ao grupo tido como superior (branco, por exemplo).

No nível institucional, o racismo coloca as instituições (Estado, escolas, igrejas, empresas, partidos políticos etc.) a serviço dos pressupostos do racismo individual; a partir de algumas práticas institucionais, limita as escolhas, os direitos, a mobilidade e o acesso de grupos de pessoas (negras, por exemplo) a determinadas posições ou ao seu desenvolvimento pleno. Como ressalta Ellis Cashmore, no excelente *Dicionário de relações étnicas e raciais* (2000, p. 471), "a força do racismo institucional está em capturar as maneiras pelas quais sociedades inteiras, ou seções delas, são afetadas pelo racismo, ou talvez por legados racistas, muito tempo depois de os indivíduos racistas terem desaparecido".

No nível cultural, o racismo pode ser entendido como a expressão individual e institucional da superioridade da herança cultural de um grupo étnico-racial com relação a outro; ou seja, o racismo se expressa na cultura quando todos os saberes produzidos pelas sociedades milenares africanas, por exemplo, não têm o valor cultural de saberes greco-romanos.

Para decodificar a natureza das desigualdades experimentadas pelo aluno negro na escola, é fundamental ter em mente que pessoa alguma quer ter seu comportamento associado a preconceitos, discriminações e racismo, ou seja, não quer ser visto pela lente de condutas socialmente condenáveis. Essas associações de fato a limitam em sua humanidade. Portanto, a dificuldade de explicitar o contexto social racista no qual a escola está inserida (no caso brasileiro) e as mazelas da cultura escolar que, além de reproduzir preconceitos, estereótipos e discriminações, produz seus próprios monstros torna-se perfeitamente compreensível à luz da condenação social desses comportamentos.

UM EXEMPLO DE DINÂMICA DE GRUPO ADAPTADA PARA O CURSO: "VOCÊ CONCORDA OU DISCORDA?"

Nessa dinâmica, as pessoas são convidadas a pensar sobre determinado tema, expressando sua opinião favorável ou contrária a certas assertivas, por meio da movimentação no espaço físico do local onde acontece a atividade. No exemplo que se segue, o tema foi a percepção do/a profissional de educação quanto a seus pares negros/as, bem como as questões raciais imbricadas nos rituais pedagógicos e disciplinares do espaço escolar.

As diretrizes são bem simples: duas pessoas do grupo se oferecem ou são convidadas para cofacilitar a dinâmica, assumindo o papel de observadoras do restante do grupo, que se dispõe no centro da sala. Combina-se que, à medida que as afirmações forem feitas, as pessoas que concordam se movimentam para um lado e as que discordam, para outro. O primeiro momento é destinado apenas a concordar ou discordar e expressar cada opinião por meio do movimento para um lado ou para outro. A seguir, dá-se o debate e, logo depois, ouvem-se os comentários das pessoas cofacilitadoras.

Os resultados são incríveis e, por se tratar de uma brincadeira, as pessoas se soltam e perdem o pudor de se mostrar confusas, imprecisas, "maria vai com as outras". Há também, é óbvio, as democráticas exacerbadas que quase se recusam a participar porque nada é simplesmente "sim ou não", tudo tem uma terceira via, e assim quase inviabilizam a proposta. Mas o bom senso da maioria acaba prevalecendo, e as pessoas se adaptam às regras do jogo, sabendo que quando forem facilitadoras poderão mudá-las para a forma que acharem mais eficaz.

No caso específico apresentado aqui, a atividade aconteceu em uma sala de aula do segundo ano do ensino fundamental de uma escola pública de São Paulo, espaço utilizado para o curso durante seis encontros, aos sábados, das 9h às 18h.

1. Na escola onde trabalho existem mais alunos/as negros/as do que alunos/as brancos/as.
2. Na escola onde trabalho existem mais alunos/as brancos/as do que negros/as.
3. Existe discriminação racial na escola.
4. Tenho muitos/as colegas negros/as como professores/as.
5. Já tive muitos colegas negros/as como professores/as.
6. Já trabalhei em várias escolas e pelo menos duas vezes na vida tive um/a diretor/a negro/a.
7. Crianças negras têm problemas de ensino-aprendizagem diferentes dos apresentados por crianças brancas na escola.
8. Os resultados escolares (retenção/promoção) de alunos/as brancos/as e negros/as são iguais.
9. Crianças negras apresentam mais problemas de disciplina do que crianças brancas.

10. Os motivos de retenção de crianças negras e brancas na escola são diferentes.
11. As capas de revistas coladas nesta sala representam a diversidade étnico-racial da população brasileira.

RESPOSTAS A UMA PERGUNTA: "COMO OS CONTEÚDOS DO CURSO PODERÃO INFLUENCIAR SUA PRÁTICA PEDAGÓGICA?" (BELÉM, 2000)

O conteúdo deste curso contribuirá para que eu possa olhar a questão do racismo com outros olhos e tentar mudar os estereótipos impostos pela sociedade em relação à raça negra. (sem identificação)

Apesar de não ser educador, com certeza terei filhos e terei também a oportunidade de orientá-los quanto às práticas, manifestações e consequências do racismo no ambiente escolar. (A. L., sargento do Exército e estudante de Direito)

Hoje paro e penso quanto foi proveitoso ter tido a oportunidade de participar deste encontro. Logo me reporto para os vários motivos — em tese, a abordagem do tema, que foi amplamente discutido por uma excelente exposição dialogada, o que proporcionou uma transversalidade em vários [outros] temas. O "fazer" pedagógico também contribuiu, pois os recursos de vídeo e texto ampliaram e abrilhantaram as discussões. Mas consigo visivelmente perceber a frustração — já esperada — de ter um tempo exíguo para discussões tão complexas. Desse modo, espero ter outras oportunidades de momentos e movimentos continuados para este e para outros temas. O "alimentar" da construção de identidade surge desse tipo de encontro, sendo uma das formas de fortalecimento e resistência para mim e para a desmistificação de realidades desiguais e de permanentes sombras de marasmo. (sem identificação)

Os conteúdos deste curso são de máxima importância em qualquer área, pois estas discussões, as práticas discriminatórias e a necessidade de interferência estão presentes em todos os níveis e em todas as instâncias, sendo necessário, portanto, o conhecimento do tema, sua discussão e a tomada de atitude por todos os profissionais e pessoas engajados na luta do movimento negro. (sem identificação)

Foram muitas informações, e elas ainda estão reverberando em mim. Só sei que são antídotos poderosos contra a virulência discriminatória que sofremos cotidianamente. (A. A., psicólogo)

Momentos como esse nos alimentam no sentido de trazer elementos novos e/ou diferentes que inspirem práticas alternativas na perspectiva de mudanças sociais efetivas. É salutar também conhecermos mais sobre o movimento e a organização dos grupos afro-brasileiros. Principalmente as ações afirmativas, que quebram um grande foco de angústia nosso e nos mostram novas formas do "como fazer". (R. M., educadora)

O "TUDO" QUE AINDA ESTÁ POR SER FEITO

O texto a seguir, "Crianças de último tipo", foi escrito por Luciana Gonçalves, professora do ensino fundamental da cidade de Visconde do Rio Branco, interior de Minas Gerais, como resposta à questão: "Como percebo a discriminação racial no cotidiano do trabalho escolar?", durante o primeiro curso ministrado pelo Programa de Educação do Geledés, em Belo Horizonte, 1996.

Crianças de último tipo

Hoje em dia, as questões de discriminação racial no espaço escolar não são muito diferentes das de 20 anos atrás.

Naquela época, eu integrava a comunidade escolar como aluna. Não entendia o funcionamento da vida, apenas sentia na pele que era bastante complicado ser negro, e mais complicado ainda ser pobre.

Quando um objeto de algum colega desaparecia na sala de aula, éramos sempre eu e mais dois colegas negros os suspeitos.

Dos auditórios, teatros e outros eventos, nunca participávamos, e a qualquer brincadeira em sala de aula pesava a ameaça de levar "bomba". Para fugir da ameaça, o jeito era estudar, e estudar muito. E foi assim, procurando estar sempre entre os primeiros da sala, que consegui me manter na sala de "primeiro tipo", embora nem soubesse que gente também tivesse "tipo".

Meus dois colegas negros não tiveram as primeiras notas, e por isso mudaram para salas de outros "tipos".

Só mudei de "tipo" quando cheguei à adolescência e surgiu a necessidade de trabalhar, pois tive de continuar meus estudos à noite, período no qual a maioria dos alunos era formada por trabalhadores e as classes eram as dos últimos "tipos".

Concluí o ensino médio e fui trabalhar numa das únicas empresas da cidade. Reencontrei vários ex-colegas (brancos), que inclusive haviam evadido da escola, trabalhando em cargos melhores, mas para mim não havia vaga, só nos setores de último "tipo", com revezamento semanal de horário e salário também de último "tipo", o que me impediu de seguir os estudos.

Veio então o concurso público, a aprovação e o sonho de me dedicar a lecionar. Seis anos de espera e veio o primeiro contrato, por coincidência, na mesma escola onde aprendi as primeiras letras.

O meu primeiro dia letivo, como professora, foi num sábado, pois a escola estava em reposição de aulas. Chovia, e os alunos não compareceram.

Na segunda-feira, na capa do meu diário de classe, para minha surpresa estava escrito: Série — 3ª, Turma — 5 (quinto "tipo").

De uma conversa com a supervisão surgiram as recomendações de que o trabalho seria difícil, pois os alunos eram do último "tipo".

Essa mesma experiência em duas escolas de zona urbana me leva a concluir que, infelizmente, em minha cidade, as escolas selecionam seus alunos usando mais ou menos os seguintes critérios:

1. Alunos nascidos em outras cidades maiores e mais importantes que a nossa no contexto estadual, de acordo com o endereço da residência.
2. Os sobrenomes de famílias da elite local são fundamentais para a classificação dos alunos. Como são raros os negros que fazem parte dessa elite, eles vão para o próximo item.
3. Os alunos que não foram classificados no primeiro e no segundo itens.

Como educadora, tento não discriminar nem brancos nem negros por saber que somos todos iguais. Tenho buscado me aprofundar mais no tema, para conseguir fazer um trabalho mais ofensivo na luta *contra o racismo, pela cidadania e pela vida*. Penso que esse trabalho, pelo menos aqui em minha cidade, deve se dar não só na comunidade escolar, mas na sociedade como um todo.

O depoimento da professora Luciana é contundente e desafiador, e nos lembra de que, apesar de tudo o que temos feito, ainda há tanto, tanto por fazer que não há outra possibilidade senão prosseguir na luta diuturna e inabalável contra o racismo.

REFERÊNCIAS

CASHMORE, Ellis. *Dicionário de relações étnicas e raciais*. São Paulo: Selo Negro, 2000.

CODO, Walter (org.). *Educação: carinho e trabalho — Burnout, a síndrome da desistência do educador, que pode levar à falência da educação*. Petrópolis: Vozes, 1999.

INSTITUTO BRASILEIRO DE GEOGRAFIA E ESTATÍSTICA [IBGE]. *Pesquisa Nacional por Amostra de Domicílio — Síntese de indicadores*. Rio de Janeiro: IBGE, 1996.

ROSEMBERG, Fúlvia. "Relações raciais e desenvolvimento escolar". *Cadernos de Pesquisa*, n. 63. Raça negra e educação, p. 19-24, 1987.

3. Educação cidadã, etnia e raça: o trato pedagógico da diversidade[1]

Nilma Lino Gomes

UMA RELAÇÃO COMPLEXA

Educação, cidadania, etnia e raça mantêm entre si uma relação complexa. Será inclusiva? Essa questão aponta para aspectos mais profundos que envolvem o cotidiano, a prática e as vivências da população negra e branca do nosso país. Aponta, ainda, para os vínculos entre a Educação, vista como um processo de desenvolvimento humano, e a educação escolar, entendida como espaço sociocultural e instituição responsável pelo trato pedagógico do conhecimento e da cultura.

Pretendo, neste artigo, discutir alguns aspectos da escola brasileira sem, contudo, perder de vista os vínculos com as vivências e os outros espaços sociais em que a ação educativa também acontece. Tenho uma preocupação central: o tratamento que a escola tem dado à história e à cultura de tradição africana.

Pensar a articulação entre Educação, cidadania e raça significa ir além das discussões sobre temas transversais ou propostas curriculares emergentes. Representa o questionamento acerca da centralidade da questão racial na nossa prática pedagógica, nos projetos e nas políticas educacionais e na luta em prol de uma sociedade democrática que garanta a todos/as o direito de cidadania.

Todos nós sabemos que a Educação é um direito social. E colocá-la no campo dos direitos é garantir espaço à diferença e enfrentar o desafio de implementar políticas públicas e práticas pedagógicas que superem as desigualdades sociais e raciais. Essa é uma questão

1. Este texto é largamente baseado em artigo de minha autoria publicado nos anais do VII Seminário Internacional de Reestruturação Curricular 2000 — Porto Alegre (RS).

que precisa ser levada a sério pelos/as educadores/as e formuladores/as de políticas educacionais.

Ao falar em raça, considero os diversos grupos étnicos e raciais que formam o nosso país. Estou ciente de que existe muita polêmica no meio acadêmico e na própria sociedade brasileira quanto ao uso do termo "raça". Alguns intelectuais o rejeitam, adotando "etnia" como o mais adequado para discutir as relações entre negros e brancos no Brasil. Muitos deles consideram que os antecedentes históricos e acadêmicos do conceito de raça o comprometem, pois o termo está ligado à ideia de dominação político-cultural e à antropologia física. Além disso, com o desenvolvimento das ciências biológicas, "raça humana" passou a ser considerada um conceito cientificamente inoperante.

Por mais que essa postura seja uma contribuição ao estudo sobre relações raciais no Brasil e consiga justificar teoricamente o uso de etnia, na prática social, quando se discute a situação do negro na sociedade brasileira, raça é ainda o termo mais adotado pelos sujeitos sociais. É também o que consegue se aproximar da real dimensão do racismo presente na sociedade brasileira. Dessa forma, o movimento negro e alguns cientistas sociais, quando falam em raça, não o fazem mais alicerçados na ideia de purismo racial, tampouco de supremacia racial. Ao contrário, usam essa categoria com uma nova interpretação, baseados em uma reapropriação social e política, construída pelos próprios negros. Usam-na ainda porque, no Brasil, o racismo e a discriminação racial que incidem sobre os habitantes negros ocorrem não somente em decorrência dos aspectos culturais presentes em sua vida, mas pela conjugação desses aspectos (vistos de maneira negativa) e pela existência de sinais diacríticos que remetem esse grupo a uma ancestralidade negra e africana.

Dessa forma, ao discutirmos as relações entre negros e brancos no Brasil, não podemos desconsiderar o peso dos aspectos raciais. É nessa perspectiva que utilizo a categoria raça neste artigo. Raça é aqui entendida como um conceito relacional que se constitui histórica, política e culturalmente. Rejeito o determinismo biológico e incluo três outras dimensões para a análise da questão racial, a saber: a geográfica, a histórica e a política. Nessa perspectiva, ao falar de Educação, cidadania e raça, refiro-me a todas as implicações que essa discussão acarreta no segmento negro da população. Isso inclui o debate sobre a falta de garantia de uma escola de qualidade e de políticas públicas voltadas à população negra e pobre deste país.

A implementação de políticas educacionais não pode prescindir da realidade sociocultural brasileira. O Brasil é uma imensa nação cujas características principais não se reduzem às desigualdades socioeconômicas. É um país marcado, também, pela diversidade cultural e racial. Não podemos, portanto, desconsiderar a interferência das diferenças étnico-raciais nas condições de vida e na história do povo brasileiro. A escola tem considerado que a conquista da cidadania se dá de maneira diferente para negros e brancos no Brasil? Ao propor uma educação cidadã que articule a questão racial, tanto os/as educadores/as quanto os/as formuladores/as de políticas educacionais devem estar cientes da complexidade que envolve a história e a trajetória escolar do segmento negro no país.

Nos últimos anos, alguns estudos têm mostrado que o acesso e a permanência bem-sucedida na escola variam de acordo com a raça/etnia da população. Ao analisar a trajetória escolar dos/as alunos/as negros/as, as pesquisas revelam que esta se apresenta bem mais acidentada do que a percorrida pelos/as alunos/as brancos/as. O índice de reprovação nas instituições públicas também demonstra que há uma estreita relação entre a educação escolar e as desigualdades raciais na sociedade brasileira.

O aprofundamento dessas questões aponta para a necessidade de repensar a estrutura, os currículos, os tempos e os espaços escolares. É preciso considerar que a escola brasileira, com sua estrutura rígida, encontra-se inadequada à população negra e pobre deste país. Nesse sentido, não há como negar quanto o seu caráter é excludente.

Algumas particularidades sobre a cultura de tradição africana no Brasil mereceriam ser consideradas no que diz respeito à formação de professores/as e ao currículo escolar. É preciso lembrar que, apesar de aspectos culturais e de uma descendência comum, o povo negro não constitui um bloco homogêneo. Ainda que o racismo e a discriminação racial marquem de forma contundente a vida de todos/as os/as negros/as brasileiros/as, esse grupo tem interesses, necessidades e desejos diferentes de acordo com a localização geográfica, o nível socioeconômico, a geração e as crenças religiosas. Mesmo diante de tantas peculiaridades, ser negro no Brasil tem um ponto comum que atravessa a trajetória de toda a comunidade negra: o fato de ser um povo imerso em uma história de luta. A demanda de uma educação escolar de qualidade e democrática está inclusa nessa história. Os diferentes grupos negros sempre lutaram pelo direito de ter um ensino digno para seus filhos e suas filhas.

A escola, muitas vezes, desconhece e desconsidera essa realidade. É comum o pensamento de que a luta por uma escola democrática é suficiente para garantir a igualdade de tratamento a todos/as. Essa crença é um grande equívoco. Em alguns momentos, as práticas educativas que se pretendem iguais para todos acabam sendo as mais discriminatórias. Talvez essa afirmação pareça paradoxal; mas, dependendo do discurso e da prática desenvolvida, pode-se incorrer no erro da homogeneização em detrimento do reconhecimento das diferenças. Partir do pressuposto de que os sujeitos presentes na escola são todos iguais — e, por isso, apresentam uma uniformidade de aprendizagem, de culturas e de experiências — e os que não se identificam com esse padrão uniforme são defasados, especiais e lentos é incorrer em uma postura que, ao desqualificar uma referência, reproduz a dominação. Quantas vezes encontramos essa concepção e essa postura no cotidiano das nossas escolas?

Ainda nos falta avançar muito para compreendermos que o fato de sermos diferentes uns dos outros é o que mais nos aproxima e o que nos torna mais iguais. Sendo assim, a prática pedagógica deve considerar a diversidade de classe, sexo, idade, raça, cultura, crenças etc. presentes na vida da escola e pensar (e repensar) o currículo e os conteúdos escolares a partir dessa realidade tão diversa. A construção de práticas democráticas e não preconceituosas implica o reconhecimento do direito à diferença, e isso inclui as diferenças raciais. Aí, sim, conseguiremos articular Educação, cidadania e raça.

Diante do exposto, que caminhos poderíamos seguir para construir uma educação que considere a raça uma questão que merece um trato pedagógico e um lugar de destaque nas nossas políticas educacionais? A primeira atitude é a revisão dos valores e dos padrões considerados aceitáveis por todos/as dentro da instituição escolar.

Sabemos que a escola privilegia um padrão de ensino, de aluno/a e de professor/a a ser seguido. Um padrão que incorpora uma ideia de homem, de mulher e de sujeito social. Que paradigma impera na escola brasileira? Um olhar mais atento sobre a realidade escolar nos mostrará que a nossa escola ainda prima por um modelo branco, masculino, heterossexual e jovem.

Outro caminho importante que visa articular Educação, cidadania e raça é a superação do medo e/ou desprezo à diversidade. Seria interessante abrir um debate nas escolas para discutirmos a fundo a complexidade da diversidade cultural. Ser diverso não é um problema. Afirmar positivamente uma identidade racial também não. Ser diverso e portador de uma identidade racial são aspectos constituintes da nossa formação humana e também uma construção social e histórica. É importante considerar esses dois lados da questão para não cairmos em um naturalismo exacerbado. Ao destacarmos as diferenças raciais, não estamos apelando para a pureza das raças, nem dando ênfase ao dado biológico, mas realçando o caráter político que essas diferenças assumem ao longo da história. Por isso seria interessante discernir a especificidade da raça como um elemento da nossa condição humana e a construção social da raça[2] em nossa sociedade. Esse ponto poderá ajudar a esclarecer por que não é tão simples classificar as pessoas como negras e brancas no Brasil e por que muitos negros acabam por negar a sua pertinência racial e cultural.

Ao longo da nossa formação histórica, marcada pela colonização, pela escravidão e pelo autoritarismo, o imaginário social construído sobre os negros não foi o mais positivo. Esse imaginário possibilitou a incorporação de teorias raciais repletas de um suposto cientificismo que

2. Considerando o termo "raça" de maneira ressignificada, como explicitei no início deste artigo.

por muito tempo atestaram a inferioridade das pessoas negras, a degenerescência do mestiço, o ideal do branqueamento, a primitividade da cultura negra e a democracia racial.

Teorias e mitos hoje rejeitados pela academia e pelos/as educadores/as? Nem tanto... Esses argumentos e essas concepções racialistas ainda estão presentes na atualidade e continuam exercendo força ideológica não apenas entre a comunidade branca, mas entre parcelas significativas da comunidade negra. Eles não surgiram espontaneamente nem são fruto de meras transposições de pensamento externo: alimentam-se do racismo e terminam por legitimá-lo. Os avanços rumo à superação de tais teorias se devem, e muito, à luta da comunidade negra no seu cotidiano e nas mais diferentes formas de organização política.

Acredito que a dificuldade da maioria da população brasileira se identificar racialmente é fruto da construção histórica da negação, do desprezo e do medo do diferente, sobretudo quando este se relaciona diretamente à herança ancestral africana. Esse apelo à homogeneização ainda é muito forte no Brasil, apesar da apologia da miscigenação racial. Mesmo que a mídia e a própria escola utilizem a miscigenação como um forte argumento no seu discurso sobre as relações raciais, a ideia de um país racial e culturalmente miscigenado ainda é, para as elites brasileiras e para uma grande parcela da população, motivo de medo ou de desprezo. Por mais sedutores que os discursos sobre a miscigenação e a democracia racial possam parecer, é preciso tomar cuidado com esse raciocínio, pois ambos tendem a encobrir a relação entre diferenças raciais e desigualdades sociais ao longo da formação da sociedade brasileira.

Por tudo isso, afirmo que ser negro, no Brasil, tem uma complexidade maior e não se restringe a um dado biológico. É uma postura política. É declarar explicitamente o vínculo com uma cultura ancestral, com a origem africana recriada e ressignificada em nosso país. No Brasil, ser negro é tornar-se negro. O conhecimento dessas questões pode nos ajudar a superar o medo e/ou o desprezo das diferenças raciais, ainda presente na escola e na sociedade. Entender essa complexidade é tarefa dos/as profissionais da educação. É dever de uma escola que se quer cidadã e, por isso mesmo, não pode deixar de incluir a questão racial no seu currículo e na sua prática.

E, por último, é preciso pensar em alguns caminhos que nos ajudem a garantir, na prática escolar, o princípio constitucional da proibição do racismo. O que isso significa? Superar práticas racistas veladas e explícitas no cotidiano escolar, que vão da escolha do professor ao tratamento dado aos pais/mães e aos/às alunos/as negros/as. Significa rever as enunciações e a maneira como o segmento negro é retratado nos cartazes, nos livros didáticos, nas festas e nos auditórios. Significa, também, desvelar o silêncio sobre a questão racial na escola.

Mas é preciso tomar cuidado! Garantir que uma escola seja igual para todos e respeite a particularidade do povo negro não depende apenas de preceitos legais e formais. Não podemos acreditar numa relação de causa e efeito entre a realidade educacional e o preceito legal. Por mais avançada que uma lei possa ser, é na dinâmica social, no embate político e no cotidiano que ela tende ou não a ser legitimada. E a realidade social e educacional sobre a qual uma lei pretende agir (por mais justo que o preceito legal nos possa parecer) é sempre complexa, conflituosa, contraditória e marcada pela falta de equidade social e racial. As leis surgem daí.

É por isso que nenhuma lei pode ser considerada neutra. Dessa forma, não basta apenas apregoar que o racismo é um crime inafiançável. Deve-se compreender melhor o que é um crime de racismo. Que atitudes devemos tomar diante de uma prática racista? Quantas vezes já debatemos o tema em nossas reuniões pedagógicas? Os/as educadores/as estão instrumentalizados/as quanto a essa questão? Quem pode afirmar que a escola nunca pratica o racismo? Que atitudes a direção da escola assume diante de um/a professor/a que discrimina um/a aluno/a negro/a?

Sem dúvida, a existência de princípios democráticos e igualitários na lei representa um avanço social e político, e estes devem ser reconhecidos por todos/as os/as educadores/as. Mas a existência do texto legal só se transformará em direito para toda a comunidade escolar à medida que a escola construir, no seu interior, práticas concretas e inclusivas que não discriminem nem excluam nenhum grupo social, étnico e religioso, principalmente os que já trazem consigo um histórico de exclusão e discriminação, como o povo negro.

A revisão dos currículos, a construção de uma relação ética e respeitosa entre professores/as e alunos/as, o entendimento do/a aluno/a como sujeito sociocultural e não apenas como sujeito cognitivo, a compreensão de que os indivíduos presentes na escola vêm de diferentes contextos socioculturais e têm distintas visões de mundo são princípios de uma educação cidadã. O reconhecimento de que esses cidadãos pertencem a uma nação cuja composição é diversa e a consideração de que tal pertinência imprime marcas na construção da sua identidade racial são princípios de uma educação cidadã que considera e inclui a questão racial.

Pensar a articulação entre Educação, cidadania e raça é mais do que uma mudança conceitual ou um tratamento teórico. É uma postura política e pedagógica. É considerar que a Educação lida com sujeitos concretos. Por isso, não basta conhecer o/a aluno/a apenas no interior da sala de aula e no cotidiano escolar. É preciso estabelecer vínculos entre a vivência sociocultural, o processo de desenvolvimento e o conhecimento escolar. O contato com os grupos culturais e religiosos da comunidade, com a associação de moradores, com organizações do movimento social pertencentes à localidade na qual o/a aluno/a está inserido/a pode ser um caminho interessante. É o meio sociocultural que nos dá as bases para a nossa inserção no mundo. Ele é o lugar das nossas tradições, dos costumes, dos valores, das crenças que, na maioria das vezes, se chocam com os valores da escola. É nesse meio que o/a aluno/a negro/a desenvolve o complexo processo de construção das identidades sociais. E a racial é uma delas. Conhecer, respeitar e tratar pedagogicamente essas diferentes experiências socioculturais é um dos passos para a construção de uma escola democrática. Assim, possibilitar o diálogo entre as várias culturas e visões de mundo e propiciar aos sujeitos da Educação a oportunidade de conhecer, encontrar, defrontar e se aproximar da riqueza cultural existente nesse ambiente é construir uma educação cidadã.

POR UMA EDUCAÇÃO DEMOCRÁTICA QUE INCLUA A IDENTIDADE E A CULTURA NEGRAS

Como já foi dito, ser negro, no Brasil, é mais do que um dado biológico. É uma construção histórica e política. Entender como a questão da raça se desenvolveu historicamente em nosso país nos ajudará a compreender a complexidade que envolve a construção da identidade racial dos negros e mestiços brasileiros.

A meu ver, raça e etnia apresentam dimensões diferentes de uma mesma questão. Mesmo que vejamos a população negra como um grupo étnico, não podemos desconsiderar as suas singularidades, as quais remetem à descendência africana, aos padrões físicos e estéticos específicos. A existência dessas particularidades interfere na forma como o racismo, a discriminação e o preconceito racial incidem na vida dos diferentes sujeitos. Interfere, também, na forma como se dá o processo de construção da identidade racial de negros, mestiços e brancos em nosso país.

Enquanto pode ser alardeada como o lado exótico, sensual, cultural, que faz do Brasil um país festivo, alegre, sempre ligado ao som e à música (explorando ao máximo o mito da democracia racial), a herança cultural negra aparece muito bem explorada pela mídia, pelo governo e pela escola. Porém, quando se trata de analisar a atual situação dos descendentes de africanos, o racismo, a invisibilidade do negro na política e nos cargos de poder, as diferentes formas de discriminação na escola e na sociedade, essa mesma herança não é levada em conta.

Essa realidade revela a especificidade do racismo que assola a sociedade brasileira. Trata-se de um racismo diferente do que acontece nos Estados Unidos ou do que foi legitimado durante o extinto regime do *apartheid* na África do Sul. O racismo no Brasil é um caso complexo e singular, pois ele se afirma por meio da sua negação. Ele é negado de forma veemente, mas se mantém no sistema de valores que regem o comportamento da nossa sociedade. Portanto, ao construirmos uma política educacional que contemple a história e a real situação do povo negro, não podemos desconsiderar essa ambiguidade do racismo brasileiro. Precisamos compreendê-la, desvelá-la e combatê-la. Dessa maneira, uma proposta educacional que inclua a educação da população negra como uma tarefa política e pedagógica deve compreender o que significa o processo de construção da identidade racial para os sujeitos negros.

Assim como tantos outros processos de identificação, o racial é construído na relação de alteridade — nós e os outros — e em determinado contexto histórico, político e cultural. Desse modo, ao mesmo tempo que os negros buscam a sua identidade, não podem fazê-lo sem enfocar a sua diferença em relação à sociedade ou aos outros grupos sociais e instituições. Esse processo implica a tentativa de diminuir as diferenças internas do próprio grupo e a articulação em torno da reivindicação de direitos, resultando na construção de um sujeito político.

Parafraseando Jurandir Freire Costa (1983), a escola ainda está assentada numa ideologia racial que faz do predicado branco, da brancura, o "sujeito universal e essencial" e do sujeito branco um predicado contingente e particular. Essa brancura ainda está muito arraigada no pensamento pedagógico e na prática escolar. O ideal da brancura, tão incrustado em nossa história, torna-se uma abstração e é reificado e colocado na condição de realidade autônoma, independente. Dessa forma, o padrão branco torna-se sinônimo de pureza artística, nobreza estética, majestade moral, sabedoria científica, a ideia da razão. A paz, o belo, o bom, o justo e o verdadeiro são brancos. A violência, a feiura, a injustiça, as contendas são negras. Ao branco atribui-se a cultura confundida com ilustração. Ao negro atribui-se a cultura confundida com exotismo e/ou primitividade.

Diante dessa realidade, como poderá o/a educador/a desconsiderar a importância da construção da identidade racial da criança, do/a adolescente e do/a jovem negro/a? Como será que a criança negra se vê refletida na escola? E na sociedade? A escola tem possibilitado aos/às alunos/as e professores/as negros/as as condições adequadas à construção de uma imagem positiva de si mesmo, do povo negro, da descendência africana, da estética, da corporeidade, enfim, do conjunto cultural negro?

Será que a situação é tão séria assim? Será que nós, educadores e educadoras, tão comprometidos com a prática da democracia e com a construção de uma educação cidadã, incorremos nesse erro? Infelizmente, tenho de responder que sim. Enquanto a educação escolar discutir a questão racial como um "problema do negro", negando-se a integrá-la nas reflexões sobre a sociedade brasileira, continuaremos dando muito espaço aos mais diversos equívocos e a práticas intencionalmente racistas.

Não se pode pensar em uma educação que contemple a cidadania se partimos do pressuposto de que as questões colocadas pela população negra, pelas mulheres, pelas pessoas com deficiência devem ser tratadas pela escola simplesmente para atender à reivindicação desses sujeitos. Mais do que isso, é preciso garantir a equidade social. Discutir direitos civis.

Esse debate ajuda a desvendar o rosto do racismo. Os efeitos da prática racista são tão perversos que, muitas vezes, o próprio negro é levado a desejar, a invejar, a introjetar e projetar uma identificação com o padrão hegemônico branco, negando a história do seu grupo étnico-racial e dos seus antepassados. Esse é um dos mecanismos por meio dos quais a violência racista se manifesta.

Diante de um quadro tão complexo, poderíamos perguntar: qual é o espaço que a cultura, mais especificamente a cultura de tradição africana, ocupa na escola? Em geral, ainda é vista como algo externo aos indivíduos e não como um dos conteúdos constituintes de todos os modos de vida da nossa sociedade. De acordo com essa concepção limitada, ela se apresenta restrita às danças, à música, ao futebol, à sensualidade da mulata, ao carnaval. Por fim, a cultura de tradição africana acaba se restringindo às datas comemorativas e às meras "contribuições" para a formação da sociedade brasileira.

Pior quando é retratada como a cultura da violência e da exclusão: os meninos de rua, os traficantes que ocupam a favela, os detentos, os meninos que assaltam os carros da classe média quando estes param no semáforo, os mendigos queimados nos cantos da rua. É muito provável que, diante de uma ênfase nesse aspecto, crianças negras e brancas desenvolvam uma imagem negativa sobre as pessoas negras. Assim, seria responsabilidade da escola problematizar por que esse grupo étnico-racial e não outro se encontra nessas condições. Não seria oportuno para a escola lançar um olhar positivo sobre a cultura de tradição africana? Possibilitar aos alunos o contato com a imagem positiva do negro que, aos poucos, vem sendo retratada em publicações específicas? Relembrar pensadores/as, políticos/as, cantores/as, artistas e intelectuais negros/as do passado e da atualidade? Não seria interessante resgatar a própria história de vida dos/as alunos/as, ressaltando a luta das famílias para manter seus filhos na escola, para dar a eles uma educação digna? A escola não poderia lançar um olhar sobre a beleza da estética negra, das artes, da religião, da música — e sobre a estreita relação entre a tradição cultural africana e o cuidado com a natureza e com o meio ambiente?

Dessa forma, ampliaremos o foco sobre a Educação e sobre as referências negras. Entenderemos que a educação escolar é um recorte do processo educativo mais amplo, vivido por todo e qualquer indivíduo; que os vínculos entre o que acontece dentro e fora da escola nos ajudam a repensar nossos currículos, nossas práticas e nossos valores, dando lugar à construção de uma escola mais democrática. Por meio desse entendimento, a questão racial será vista de forma positiva, rompendo com o imaginário negativo sobre a população negra, o qual ainda está muito arraigado em nossa sociedade e em nossa escola.

Entender a beleza, a sensibilidade e a radicalidade da cultura de tradição africana, impregnada de norte a sul deste país e não somente no segmento negro da população, é um aprendizado a ser incorporado pelos que cuidam das políticas educacionais. O mundo africano recriado no Brasil é belo e cheio de sabedoria. Nele, tanto o homem quanto a mulher são vistos na sua totalidade, e não como fragmentos. Nesse modo de ser e de ver a existência e o mundo, as várias dimensões do ser humano são destacadas: a racional, a ética, a estética, a corpórea, a espiritual, a ecológica, a política etc., construídas ao longo do acontecer humano e nos diferentes ciclos da vida.

Quem sabe, assim, a escola possa desencadear um processo de mudança de lógicas, de valores e de práticas, e a tradição oral, a corporeidade, a ecologia, a estética e a diversidade dos vários grupos étnico-raciais sejam incorporadas como constituintes do processo educativo, como dimensões do currículo e da prática escolar? Poderemos, então, desenvolver práticas pedagógicas que entendam a educação escolar como um processo que vai além do letramento e da consciência revolucionária. Compreenderemos o significado e a abrangência da cultura de tradição africana na construção e na constituição da nossa sociedade. Dessa maneira, estaremos, sim, mais próximos da articulação entre Educação, cidadania e raça.

REFERÊNCIAS

AZEVEDO, José Clóvis et al. *Utopia e democracia na educação cidadã*. Porto Alegre: Ed. da UFRGS/Secretaria Municipal de Educação, 2000.

BARCELOS, Luiz Cláudio. "Educação: um quadro de desigualdades raciais". *Estudos afro-asiáticos*. Rio de Janeiro, n. 23, p. 37-69, dez. 1992.

COSTA, Jurandir Freire. "Da cor ao corpo: a violência do racismo". In: SOUSA, Neusa Santos. *Tomar-se negro*. Rio de Janeiro: Graal, 1983.

GOMES, Nilma Lino. "Iguales y diferentes: escuela y diversidad cultural". In: GENTILI, Pablo (coord.). *Ciudadanía y educación — La formación ética como práctica de la libertad*. Buenos Aires: Santillana, 2000.

______. "Educação e relações raciais: refletindo sobre algumas estratégias de atuação". In: MUNANGA, Kabengele. *Superando o racismo na escola*. Brasília: Ministério da Educação, Secretaria do Ensino Fundamental, 1999.

GONÇALVES, Luiz Alberto Oliveira; GONÇALVES E SILVA, Petronilha Beatriz. *O jogo das diferenças*. Belo Horizonte: Autêntica, 1998.

LIMA, Ivan Costa; ROMÃO, Jeruse (orgs.). *Educação popular afro-brasileira*. Florianópolis: Núcleo de Estudos Negros, 1999. (Série O Pensamento Negro em Educação, n. 5.)

MUNANGA, Kabengele (org.). *Superando o racismo na escola*. Brasília: Ministério da Educação, Secretaria do Ensino Fundamental, 1999.

NOVAES, Sylvia Caiuby. *Jogo de espelhos*. São Paulo: Edusp, 1993.

RATTS, Alecsandro J. P. "(Re)conhecer quilombos no território brasileiro". In: FONSECA, Maria Nazareth Soares. *Brasil afro-brasileiro*. Belo Horizonte: Autêntica, 2000.

ROSEMBERG, Fúlvia; PINTO, Regina Pahim. "Trajetórias escolares de estudantes brancos e negros". In: MELO, Regina Lúcia Couto de; COELHO, Rita de Cássia Freitas (orgs.). *Educação e discriminação dos negros*. Belo Horizonte: IRHJP, 1988.

SCHWARCZ, Lilia K. M. "Raça como negociação: sobre teorias raciais em finais do século XIX no Brasil". In: FONSECA, Maria Nazareth Soares. *Brasil afro-brasileiro*. Belo Horizonte: Autêntica, 2000.

SOUZA, Neusa Santos. *Tomar-se negro*. Rio de Janeiro: Graal, 1983.

4. A responsabilidade da escola na eliminação do preconceito racial: alguns caminhos

Isabel Santos Mayer

Não houve, nas últimas décadas, período tão fecundo como o atual para discutir temas relativos a etnia, diversidade, raça, mutações culturais etc. Até as mais simples análises de conjuntura brasileira hoje incorporam o quesito cor e temas relativos à desigualdade racial no Brasil. Já não se sustenta o mito da democracia racial, consagrado por constatar os diferentes grupos que constituíram a história brasileira — indígenas, negros e brancos —, mas sem promover a harmonia entre eles. A tônica de vários artigos e livros traz o seguinte questionamento: a escola discrimina ou simplesmente não promove a igualdade? A sabedoria popular já dizia que "quem cala consente". Num contexto social em que as diferenças raciais significam desigualdade de oportunidades, "ao silenciar, a escola grita inferioridade, desrespeito e desprezo" para uns (negros e indígenas) e, consequentemente, superioridade, respeito e valorização para outros (brancos) (Cavalleiro, 2000, p. 100).

O LUGAR DADO À DIVERSIDADE: ANTROPOLOGIA NO AMBIENTE ESCOLAR

Os quatro séculos de regime escravista no Brasil não teriam se mantido apenas com a força aplicada nos castigos. Produziram-se, com a mesma potência, teorias racistas[1] que justificavam a inferioridade

1. A partir de 1859, com a publicação da obra *A origem das espécies*, do biólogo Charles Darwin, surge na Europa uma série de teorias racistas que atestam a existência de uma raça inferior (os negros e os não europeus) e uma raça superior (os brancos), justificando o domínio dos brancos sobre os negros. O Brasil vai importar essas teorias, que predominarão no período pós-escravidão. Para saber mais, ver Bento (1999).

dos negros africanos e a superioridade dos brancos europeus. Chegou-se a defender a existência de raças diferentes, conceito este abolido das bibliografias atuais, pois já é sabido que só existe uma raça em se tratando de pessoas: a raça humana. O termo "raça" continua sendo usado com uma conotação política, de reivindicação de identidade, por parte de segmentos da população negra.

O fim do regime escravista não aboliu por completo a visão que hierarquiza as culturas e classifica as pessoas com base na cor da pele, no formato do nariz, na cor dos olhos e na textura dos cabelos.

EVOLUCIONISMO: "ESFORCE-SE QUE VOCÊ CHEGA LÁ!"

A antropologia — área do conhecimento que tem muito a contribuir na discussão pedagógica, sobretudo quando se trata de colocar em foco a diversidade racial e cultural no ambiente escolar — tem sido questionada desde a sua origem oficial, no século 19, até chegar aos nossos dias.

Num contexto em que reinavam teorias racistas que justificavam o processo escravista e impediam o pleno acesso das populações negras, no Brasil, à sociedade pós-abolição, se desenvolve a antropologia do século 19. Nessa primeira fase, como uma ciência positiva, teve como principal orientação as concepções evolucionistas, cujo tratamento da diversidade considerava diferentes estágios de um desenvolvimento único e linear, alcançável por todos os mortais. Era a evolução biológica das espécies.

No entanto, as sociedades europeias eram as eleitas na escala de valores para que, com base na maior ou menor semelhança com o seu estilo de vida, do simples ao complexo, as diferentes sociedades fossem classificadas como superiores ou inferiores.

Não é para menos que uma parcela significativa dos brasileiros fique procurando uma ascendência europeia na qual se apoiar — um bisavô português, uma tataravó italiana — para assim se ver menos negra, menos indígena, até mesmo menos brasileira.

É provável que boa parte dos que se autodefinem "brancos", ao ter acesso à pesquisa da Universidade Federal de Minas Gerais (UFMG), possa não ter ficado muito contente ao saber que 66% de suas linhagens maternas são ameríndias ou africanas.[2]

Como vimos, o ser negro está atrelado a um lugar imposto: o de inferior, de menos inteligente, de menos capaz, de violento, de tribal. O mito da democracia racial, que afirma que "todos são iguais perante a lei", mas trata desigualmente, faz que as desigualdades socioeconômicas sofridas pela população negra sejam vistas como de sua inteira responsabilidade, bastando se esforçar para conseguir "chegar lá".

Não estamos falando de uma minoria quantitativa. Falamos de quase metade da população brasileira, que se encontra nos cargos de trabalho menos qualificados, recebendo salários inferiores aos dos brancos, para desempenhar a mesma função e, em alguns casos, com um nível de escolarização superior (Dieese, 1999). Pesquisas apontam que a população negra, especialmente as mulheres negras, tem investido cada vez mais em educação. Na última década do século 20, elas estudaram quatro vezes mais que na década anterior (Piza e Rosemberg, 1999). Fica evidente o poder transformador da educação.

ETNOGRAFIA OU A DESCRIÇÃO DAS CULTURAS

Em 1896, Franz Boas e seus colaboradores põem em evidência os limites do método comparativo, tornando ilegítima a comparação entre culturas. Sob bases relativistas, definem a passagem *do método comparativo à etnografia*, o trabalho de campo, no qual as culturas vinham descritas com a maior objetividade possível, sustentando que o processo faz parte do seu significado; sendo assim, as culturas não poderiam ser explicadas, mas simplesmente descritas.

Os alunos de Boas, com suas pesquisas, destacaram a existência de diversidades culturais e o etnocentrismo presente na visão evolucionista, porém a dignidade de cada cultura era reconhecida apenas pelo fato de serem incomensuráveis.

2. Pesquisa realizada pelo Departamento de Bioquímica e Imunologia e pelo Departamento de Biologia Geral da UFMG, mediante genética molecular e de populações. Detalhes da pesquisa podem ser encontrados em "Origens genéticas do brasileiro". *Ciência Hoje*, v. 27, n. 159, abril, 2000, p. 16-25.

O ESTRUTURALISMO DE LÉVI-STRAUSS

É Lévi-Strauss quem discute esse dilema, buscando um *universalismo não etnocêntrico.* Servindo-se da visão estruturalista, buscou demonstrar como todas as culturas codividiam leis lógicas semelhantes para ordenar a realidade e dar sentido a ela: família, rituais de passagem, divisão do trabalho etc. Suas pesquisas de campo consistiam em observar e ouvir as explicações que os povos originários davam sobre as próprias culturas, para posteriormente relatá-las de forma coerente, lógica e uniforme.

É inegável a contribuição de Lévi-Strauss ao afugentar o preconceito da superioridade de uma cultura sobre outra, além de evidenciar a distinção entre o desenvolvimento tecnológico e a complexidade das diversas organizações sociais.[3]

As profundas transformações econômicas e sociais, o processo de globalização e seu efeito nos meios de transporte e de comunicação de massa, que intensificou o contato entre os vários povos, fizeram que os grupos humanos isolados, as "culturas puras", tradicional objeto de pesquisa do antropólogo, se tornassem cada vez mais escassos, impulsionando Lévi-Strauss a advertir os demais antropólogos quanto ao fim do "objeto" da antropologia.

DA CULTURA ISOLADA ÀS MUDANÇAS CULTURAIS

Em resposta a tais mudanças radicais, um grupo de antropólogos, entre eles Clifford Geertz, sentiu a necessidade de colocar em discussão o "objeto" da antropologia, transferindo a atenção do antropólogo da "cultura" para as "mudanças culturais"; "da aldeia" para a "cidade"; da "ordem ilhada" para a "complexidade desordenada"; "da cultura pura" para as "culturas híbridas".

3. A mudança do objeto da antropologia leva à redefinição do papel do antropólogo. Clifford Geertz, reconhecido como o fundador da *antropologia interpretativa*, redefine o antropólogo como um intérprete da diversidade cultural, interpretação esta que muda com o tempo e com a localização do sujeito, ao debate da diversidade cultural o caráter dinâmico da cultura e mudando o foco da atenção do antropólogo — da cultura como produto estático para a interpretação das mudanças culturais, ou seja, do que cada sujeito considera próprio da sua cultura.

Geertz (1989) pôde redefinir a ação do antropólogo considerando a cultura um texto a ser interpretado e escrito "a mais mãos", ao qual podem ser atribuídos diferentes significados que, por sua vez, se constroem em uma *polifonia* de vozes. O diálogo deixa de ser um meio para se conhecer uma cultura para se tornar *o lugar* onde o mundo é coproduzido, devendo-se superar por isso toda ditadura da linguagem, toda *monolinguagem*, para assumir a *polissemia*, na qual cada indivíduo e cada grupo pode negociar, reconstruir e reinventar continuamente a representação de si mesmo e do mundo circundante.

Ainda que a escola, sozinha, não seja capaz de reverter anos de desqualificação da população negra e supervalorização da população branca, em longo prazo ela pode desempenhar um importante papel na construção de uma nova cultura, de novas relações que vão além do respeito às diferenças. Possibilitando que todas as vozes ecoem no espaço escolar, chegar-se-á à consciência de que é na diversidade que se constrói algo novo.

COMO A ESCOLA LIDA COM A DIFERENÇA RACIAL: A ESCOLA DISCRIMINA?

A mesma pergunta feita a diferentes segmentos, a diferentes sujeitos do ambiente escolar, traria variadas respostas. Há quem ache absurdo falar de discriminação no Brasil, país onde "todos são iguais perante a lei"; há quem reconheça que a discriminação existe, mas na "sociedade" (sujeito indefinido e abstrato, que não frequenta os bancos escolares); há ainda quem afirme que a escola, além de discriminar, não é capaz de promover a igualdade. Quem está certo e quem está errado?

Desde a década de 1980, pesquisadores se dedicaram a fazer um levantamento dos conteúdos discriminatórios presentes nos livros didáticos e a analisar sua influência na formação de crianças e adolescentes, por estes constituírem, muitas vezes, o único instrumento de leitura escrita para aqueles.[4] Nesses trabalhos, foram levantados vários estereótipos atribuídos aos negros, colocando-os numa posição de inferioridade

4. Refiro-me aqui às pesquisas realizadas por Fúlvia Rosemberg, Ana Célia Silva e Carlos Hasenbalg.

em relação aos brancos, dos quais destacamos: a) as imagens de mulheres negras eram sempre caricatas, com lenço na cabeça, brincos de argola e traços animalizados; b) as mulheres negras eram sempre "cuidadoras", sem família, numa brutal referência à "ama de leite"; c) quanto ao trabalho, aparecia associado a atividades não qualificadas (pedreiros, empregadas domésticas etc.); d) a população negra era invisibilizada, pois, apesar de representar 44% da população[5], em meio a multidões, aparecia apenas um negro; e) os negros eram apresentados como sinônimo de escravizados. Em contrapartida, os valores inversos, positivos, eram atribuídos aos brancos.

Podemos considerar que ocorreram grandes avanços na produção editorial. No entanto, esses trabalhos são ainda incisivos na análise dos livros didáticos a serem adotados nas escolas. Resta-nos avançar mais na produção de materiais que contribuam para a eliminação do "etnocentrismo" dos currículos escolares e na elaboração de uma metodologia de tratamento da diversidade racial no ambiente escolar.

Nas últimas décadas, muitos olhares têm se voltado para a questão das relações, do cotidiano, das situações surgidas em sala de aula, apontando o grande número de casos de discriminação no espaço escolar e as dificuldades dos agentes educativos (professores, diretores, coordenadores pedagógicos, agentes escolares, equipe administrativa) em lidar com esses problemas.

Numa das minhas experiências como assessora e docente de um projeto de educação do Centro de Estudos das Relações de Trabalho e Desigualdades (Ceert)[6], em 1997, pude colher algumas impressões interessantes a esse respeito. O projeto intitulado "A interação plurirracial em meio escolar" foi desenvolvido no âmbito de quatro diretorias de ensino da região metropolitana de São Paulo. As atividades foram desenvolvidas por meio de oficinas com supervisores de ensino, equipes pedagógicas e professores. Cada grupo participou de três oficinas.

5. Como vimos, negros e pardos compõem hoje 55,5% da população brasileira. [N. E.]
6. O Ceert é uma organização não governamental que, desde 1995, vem produzindo conhecimento e realizando projetos na área educacional.

A metodologia adotada foi a participativa, que possibilita uma abordagem psicossocial das relações inter-raciais e interculturais. Eram apresentados poucos conteúdos, dando-se ênfase às dinâmicas que possibilitavam falar das situações do cotidiano escolar, o que permitia que as pessoas expressassem suas percepções sobre o assunto, podendo entrar em contato, também, com a realidade subjetiva que influenciava suas ações.

Nas atividades desenvolvidas, pudemos observar:

a) Alguns educadores, apesar de identificarem visões estereotipadas de negros e mulheres nos livros didáticos, continuavam a utilizar esses materiais sem que, na maioria das vezes, propusessem uma leitura crítica em conjunto com os alunos.
b) Em várias falas se revelava a existência de uma menor expectativa por parte dos professores diante de crianças negras, como pode ser ilustrado pela fala de uma professora, que revelou ter ficado assustada quando chegou numa escola nova e encontrou uma sala "cheia de meninos... e 'tudo' assim... escuros... negros" (diz baixinho e com constrangimento). Diz que ficou preocupada, imaginando que o trabalho não daria certo; que seria uma classe de indisciplinados. A surpresa, segundo ela, foi a classe ter se revelado "ótima, de excelentes alunos... educados e estudiosos!".
c) Grande parte dos docentes atribuía o problema da discriminação à família e às próprias crianças, por não se aceitarem como negras e não lutarem para conquistar novos espaços, conformando-se com a exclusão.
d) Outra parcela de educadores chamava a atenção para o fato de não se poder reduzir o racismo e o preconceito à questão negra, fazendo alusão a outros segmentos discriminados (mulheres, pessoas portadoras do vírus da aids, pobres etc.).

A partir dessas observações, chegamos a algumas conclusões:

a) A escola, embora reconheça que seu instrumento de trabalho mais utilizado (o livro didático) seja um contentor de visões estereotipadas e discriminatórias, tem dificuldade em perceber-se responsável pela difusão dessa visão, atribuindo a responsabilidade à família e à própria criança.

b) A falta de formação e habilidade dos educadores para lidar com as relações do cotidiano escolar marcadas por discriminações os leva a medidas não problematizadoras da diferença. Assim apelam para convicções tais como: "Todos merecem respeito porque são filhos de Deus" ou "E daí que você é negro, o importante é que você tem saúde".

c) Os educadores têm dificuldade em aceitar que a diferença, para alguns grupos, é sinônimo de desigualdade, de menores oportunidades, e assim, quando se fala de desigualdade, buscam "muitos desiguais". São comuns falas do tipo: "Mas o gordo também é discriminado"; "O japonês, o pobre..., existem muitas piadas de português...", relativizando a discussão racial, que pode estar combinada a todas as outras formas de discriminação. O que dizer da mulher negra, pobre e gorda?

d) A discriminação, na maioria das vezes, é tratada como um problema do discriminado, sem incluir os discriminadores, os "privilegiados". "São eles mesmos que se autodiscriminam, que se sentem inferiores."

A ESCOLA COMO UM ESPAÇO PRIVILEGIADO

De acordo com os Parâmetros Curriculares Nacionais (PCN), a escola é um lugar privilegiado para a promoção da igualdade e a eliminação de toda forma de discriminação e racismo, por possibilitar em seu espaço físico a convivência de pessoas com diferentes origens étnicas, culturais e religiosas. Além disso, sua atuação é intencional, sistemática, constante e obrigatória. Não podemos permanecer na definição da escola como "aparelho ideológico de Estado" ou como instrumento de "colonização" ou "aculturação". Cabe sublinhar a sua potencial responsabilidade no combate aos processos de exclusão de parte da sociedade. Ela pode impulsionar uma ação cultural e política, a caminho da transformação da sociedade, por meio da transformação do indivíduo e das relações sociais.

Um segundo aspecto a ser considerado é, justamente, não restringir os processos de formação ao maior ou menor acúmulo de informações. Como propõem os PCN, "cidadania se aprende, se ensina e se vive". A escola deve favorecer essa vivência e promover situações de discussão, de diálogo, de questionamento.

A escola pode garantir e promover o conhecimento de si mesmo no encontro com o diferente. Conhecendo o outro, questiono o meu modo de ser, coloco em debate os meus valores, dialogo.

De acordo com esse ponto de vista, o racismo deixa de ser um problema do discriminado para se tornar um problema de todos. Poderíamos falar de uma "pedagogia do conflito", na qual as situações de embate são vistas como uma possibilidade de ação educativa; portanto, não precisam nem devem ser evitadas.

A discriminação racial não é um problema da criança negra, mas uma oportunidade de crianças negras e não negras se conhecerem, discutirem e instaurarem novas formas de relação, que tenham impacto em sua vida e na sociedade como um todo.

Assim, tratar da discriminação racial em ambiente escolar não significa ajudar a criança negra a ser forte para suportar o racismo, como se apenas ela tivesse problema com sua identidade, com sua autoestima.

Faz-se necessário corromper a ordem dos currículos escolares, que insistem em apresentar a produção cultural eurocêntrica como único conhecimento científico válido. O restante vem das contribuições dos diferentes grupos que constituíram este país: brancos, negros e indígenas. Quais culturas, quais saberes e fazeres se produziram das relações entre as diferentes culturas elaboradas por indígenas, negros e brancos?

É tarefa da escola fazer que a História seja contada a mais vozes, para que o futuro seja escrito a mais mãos. É necessário romper o silêncio a que foram relegados negros e indígenas na historiografia brasileira, para que possam construir uma imagem positiva de si mesmos.

Recordo-me de uma fábula de um livro didático, na qual se contava que um leão e um homem caminhavam por uma cidade. Enquanto andavam, discutiam quem era o mais forte. Dizia o leão: "Eu domino o mundo; sou o rei das florestas. Posso destroçar todos os animais, inclusive o homem". O homem retrucava: "Não! O homem é mais poderoso, pode modificar a paisagem, submeter todas as coisas a ele, não apenas os animais". Continuavam contando vantagens e caminhando. Em determinado ponto, o homem parou e disse: "Eis a prova da superioridade humana", e apontou para uma estátua em que um homem estrangulava um leão. O leão, um pouco desolado, disse: "Admito! Você venceu! Os leões não sabem fazer estátuas!"

ALGUMAS EXPERIÊNCIAS BEM-SUCEDIDAS

Permito-me trazer, neste artigo, duas experiências italianas que considero bem-sucedidas, dadas a rapidez em responder ao "problema" e a riqueza das metodologias utilizadas.

Encontramundo[7]

Desde o final da década de 1980, a Europa tem recebido grandes fluxos migratórios provenientes da África e do Leste Europeu, além de latino-americanos. Nos anos de 1993-96 eu me encontrava em Roma, fazendo uma especialização em Pedagogia Social. Ali se percebiam bem as mudanças que estavam ocorrendo na composição da população. Andando pelas ruas, parecia que se marchava para alguma conferência internacional ou se estava num bairro olímpico. Pessoas vindas de diferentes partes do planeta cruzavam-se nas ruas, nas praças, no metrô, nos restaurantes.

As escolas italianas, que até então estavam ameaçadas de extinção por causa dos negativos índices de natalidade dos italianos, subitamente veem suas salas de aula se encherem; a nova ameaça são

7. Encontramundo (em italiano, *Incontramondo*) é uma série de atividades realizadas desde 1988 promovendo o intercâmbio entre crianças italianas e crianças de outros países, especialmente dos continentes africano e americano. A partir desse projeto, foi organizado um centro de documentação, com fitas de vídeo, músicas, textos, literatura infantojuvenil, jogos e documentos de todo o mundo, que servem como suporte para a promoção de uma "educação à globalidade". A elaboração do I Concurso Encontramundo, em 1991, atendia ao desejo de acrescentar ao centro de documentação alguns percursos possíveis e acessíveis aos educadores. O segundo concurso foi possível graças ao sucesso do primeiro.

os "estrangeiros", os "diferentes", os "não brancos", os "negros", os "marrons", os "indígenas".

Um dos principais problemas apresentados pelos professores era o fato de os alunos falarem mais de uma língua. Em alguns casos, crianças de países africanos chegavam falando quatro ou cinco idiomas. Como dizer que ser poliglota é um defeito?! Quem aprendeu cinco não aprende seis? O desafio era utilizar essa diversidade em favor de todo o grupo, não apenas da criança africana, "estrangeira".

Outra dificuldade se dava com relação à reação dos pais das crianças italianas, das próprias crianças italianas e de seus professores, que passaram a ver em "carne, osso e cor" os personagens das histórias exóticas dos viajantes europeus ou objeto de pesquisa de antropólogos no passado.

O cotidiano escolar passava a ser marcado por diferentes caminhos ou atalhos pedagógicos. O "silêncio" foi um deles. Ensinar a criança "diferente" a silenciar, a resistir às ofensas, até quem sabe, um dia, ser tratada como igual.

Outros educadores, porém, decidiram problematizar as relações, levantando as causas daquele fluxo migratório[8], apresentando as diferenças físicas como diferenças explicáveis por meio de recursos das ciências biológicas e ambientais, nas quais o "ser branco" era ser apenas mais um no universo, encontrando pontos em comum entre as diferentes culturas, visando à integração e ao diálogo entre crianças e adolescentes de diversas origens no contexto italiano.

Nos anos de 1994 a 1996, como assessora do Centro de Informação e Educação ao Desenvolvimento (Cies, na sigla em italiano), participei da elaboração de critérios e da seleção de trabalhos do II Concurso Encontramundo, que teve como objetivo recolher experiências educacionais, da educação infantil à universidade, voltadas para "uma educação intercultural capaz de responder às exigências de uma sociedade cada vez mais multiétnica e multicultural" (Cies, 1997).

8. A quase totalidade dos imigrantes sai de sua terra natal fugindo da miséria provocada pelas guerras, mas sobretudo da miséria resultante de séculos de exploração de seu país por interesses econômicos europeus e norte-americanos.

Com o apoio do Ministério da Educação, o edital do concurso solicitava o envio de "experiências didáticas realizadas sobre o tema do desenvolvimento, da multicultura, dos direitos humanos e civis, do ambiente, da paz, da solidariedade direcionados às relações de interdependência entre os países do Norte e do Sul do mundo". Nos dois concursos foram inscritos mais de 600 trabalhos.

A premiação dos oito melhores trabalhos ocorreu no Museu Pigorini, na "Feira da Educação Intercultural" — uma mostra interativa, com projeção de filmes, oficinas, exposição de livros, produção de poesias, todas voltadas para o conhecimento da diversidade cultural, contribuindo assim para a eliminação do racismo e da xenofobia presentes naquele país. De 8 a 21 de abril de 1997, a mostra foi visitada por aproximadamente 8 mil pessoas. A escolha do museu para a realização da mostra foi proposital. O objetivo foi tirar a diversidade étnica e cultural do folclórico, do museu, discutindo-a e vivendo-a no presente.

Outro produto do concurso foi a elaboração de um livro/catálogo com as experiências mais significativas, organizadas de acordo com tema, percurso, metodologia, recursos utilizados e duração.

A experiência do Cies aponta para a importância de pensar ações que visem promover a igualdade e eliminar a discriminação também no espaço escolar. O preconceito construído precisa ser "desconstruído". Podemos assegurar que esse processo não se dará automaticamente; é necessário investimento, é necessário construir novas formas de abordagem dos conteúdos, escrever a História "a mais mãos".

No Brasil, experiência similar está sendo implementada pelo Ceert, com o intuito de dar visibilidade a práticas, em âmbito escolar, de promoção da igualdade racial.

Céu Azul

A experiência italiana é a Escola de Educação Infantil Céu Azul (em italiano, *Cielo Azzurro*), que, considerando-se a sua prática, até poderia ter um nome não monocromático ("Arco-Íris", por exemplo). Essa escola, conveniada com o governo, faz parte de um projeto de educadores sociais. Esse grupo de educadores apostava na possibilidade de convivência com a diversidade como a maior lição "antirracista"; para tal, assegurava que 60% das vagas fossem destinadas a crianças de origem não italiana. Num período em que cresciam as reações xenofóbicas em todos os contextos europeus, propostas ousadas como essa sofriam represálias; a própria Céu Azul foi vítima de um incêndio criminoso. Com o empenho da comunidade e do governo, a escola foi reerguida.

A particularidade da Céu Azul não se restringia ao atendimento de um público diversificado; estava, especialmente, na metodologia adotada. No dia a dia, as crianças tinham a possibilidade de ouvir mais vozes, de conhecer outras histórias, de encontrar semelhanças e diferenças entre as várias culturas. Uma vez por semana era realizada a convivência cultural. Naquele dia, aprendia-se algo sobre outro país. Um familiar de um dos alunos era convidado a apresentar o seu país. Contavam fábulas ou lendas de sua região; ensinavam músicas e jogos; levavam fotos, postais, vídeos; contavam os motivos que os levaram à Itália e como se encontravam ali; faziam um prato típico, que era degustado por todos no almoço. A cultura italiana passava, assim, a ser mais uma entre as outras, a somar e não a imperar ou a ser imposta. As demais culturas saíam do exótico ou do abominável para se tornar uma possibilidade de encontro, de diálogo.

Em certa ocasião, a convite de uma criança mexicana, filha de um amigo, propiciei a convivência cultural sobre o Brasil. Fiquei impressionada com a curiosidade das crianças (de 3 a 6 anos), que ouviam atentamente e faziam perguntas. Chamava a atenção, também, a brinquedoteca, que contava com diversos tipos de bonecas, brinquedos e jogos provenientes de vários países. Destacavam-se as paredes repletas de fotos das crianças e de seu país de origem, dando-lhes a possibilidade de manter suas referências, abrindo-se para uma nova cultura.

Senti uma pontinha de tristeza ao me lembrar de nossas escolas e da dificuldade de levar o cotidiano, a vida das crianças para a sala de aula. Quanto o norte do Brasil e as comunidades indígenas nos eram desconhecidas. A invisível África.

Percebi ainda, com maior evidência, quanto faltava a ser feito em nossas escolas para que as diferenças raciais e culturais fossem incorporadas ao cotidiano escolar. No Brasil, que tem uma história de 500 anos de convivências e conflitos entre diferentes culturas, as culturas negras e indígenas continuam sendo "maltratadas", vistas como estrangeiras na própria terra.

Reconhecê-las não significa provocar um separatismo, do que foram acusados por décadas os movimentos negros, como se o racismo começasse a existir apenas quando nominado. Significa sair da "monocromia", desvencilhar-se do "daltonismo crônico" que impede a percepção da beleza de todas as cores, a riqueza da diversidade.

Podemos dizer que estamos atrasados. Superar a discriminação é "pra ontem".

POR UMA PEDAGOGIA QUE VALORIZE AS DIFERENÇAS

Os educadores, de modo geral, expressaram a necessidade de receber assessoria para a inclusão da temática da diversidade racial em seus currículos e práticas. O desafio é *como* trabalhar na construção de uma teoria e de uma prática pedagógica que respeitem e valorizem as diferenças raciais e culturais.

Alguns passos vêm sendo dados positivamente nessa direção. A aprovação dos PCN pelo MEC, especificamente do tema transversal Pluralidade Cultural, indica alguns caminhos, apesar de não garantir sua implementação, até mesmo pelo seu caráter de parâmetro e pela falta de assessoria para se pensar o cotidiano escolar.[9]

Pensamos em uma pedagogia que permita a todas as crianças, na sua diversidade, apropriar-se das próprias palavras. A palavra é considerada não apenas pela sua sonoridade, mas especialmente pelo seu poder transformador. A antropologia dialógica de Geertz contribui

9. Atualmente, a implementação da Educação das Relações Étnico-Raciais (Erer) é regida por uma série de leis e normas. Dentre elas, destacam-se a Lei n. 10.639/2003, que estabelece a obrigatoriedade do ensino de história e cultura afro-brasileira e africana nas escolas, e a Lei n. 11.645/2008, que inclui nesse escopo a história e a cultura indígenas. Além disso, as Diretrizes Curriculares Nacionais para a Educação das Relações Étnico-Raciais e para o Ensino de História e Cultura Afro-Brasileira e Africana (Resolução CNE/CP n. 1/2004 e Resolução CNE/CP n. 3/2004) fornecem procedimentos específicos para a implementação da Erer nas escolas do país.

para essa pedagogia fundamentada no diálogo — espaço de produção e construção do conhecimento e de problematização da realidade presente na vida das pessoas.

É por meio do diálogo que se poderá discutir a própria situação de discriminado ou discriminador não como um destino dado, mas em consequência da imposição de uma ordem injusta que considera as pessoas inferiores (Freire, 1993).

A ação educativa deve ser uma ação cultural que leve à libertação de todos os educadores e educadoras, de todos os educandos e educandas, de todos os meninos e meninas, de todos os negros e "não negros"... A libertação de todas as formas de preconceito e discriminação que impedem, a todos, de *ser mais* (Freire, 1993).

REFERÊNCIAS

BENTO, Maria Aparecida Silva. *Cidadania em preto e branco — Discutindo as relações raciais*. 2. ed. São Paulo: Ática, 1999.

BRASIL. Secretaria de Educação Fundamental. *Parâmetros Curriculares Nacionais*. Brasília: MEC; SEF, 1998.

CAVALLEIRO, Eliane. *Do silêncio do lar ao silêncio escolar — Racismo, preconceito e discriminação na educação infantil*. São Paulo: Contexto, 2000.

CIES. *Incontramondo. Materiali di educazione allo sviluppo e alla multicultura*. Roma: Anicia, 1997.

DIEESE. *Mapa da população negra no mercado de trabalho*. São Paulo: Inspir/Dieese, 1999.

FREIRE, Paulo. *Pedagogia do oprimido*. Rio de Janeiro: Paz e Terra, 1993.

GALLI, Matilde Callari. *Antropologia culturale e processi educativi*. Florença: La Nuova Italia, 1993.

GEERTZ, Clifford. *A interpretação das culturas*. Rio de Janeiro: LTC, 1989.

HASENBALG, Carlos. "Desigualdades sociais e oportunidade educacional: a produção do fracasso escolar". *Cadernos de Pesquisa*, São Paulo, n. 63, p. 24-26, 1987.

NANNI, Antonio. *Educare alla convivialità*. Bolonha: EMI, 1994.

PIZA, Edith; ROSEMBERG, Fúlvia. "A cor dos censos brasileiros". *Revista USP*, São Paulo, n. 40, p. 122-37, 1999.

SILVA, Ana Célia da. *Estereótipos e preconceitos em relação ao negro no livro de comunicação e expressão de 1º grau*. Salvador: Facel/UFBA, 1998, mimeo.

5. Sankofa: educação e identidade afrodescendente

Elisa Larkin Nascimento

GÊNERO E RAÇA: AS INTERFACES

A tônica do nosso esforço ao longo de alguns anos de pesquisa e trabalho tem sido a busca de referências e parâmetros úteis à melhor compreensão do que vem a significar identidade afrodescendente no Brasil. Para além de considerações puramente teóricas, nosso intuito é o de ajudar a subsidiar o pensamento e a elaboração de medidas concretas, em particular por meio do processo educativo, visando apoiar, estimular a autoestima e afirmar de forma positiva a identidade do afrodescendente, fator crucial à sua capacitação para a agência humana, individual e coletiva. Favorecer essa agência é uma forma de contribuir para a ampliação de espaços de efetivo exercício da cidadania.

Não consideramos a identidade apenas como algo dado ou adquirido de forma passiva, mas também como algo que se constrói com certo grau de escolha. A identidade, individual ou coletiva, pode articular-se não só como produto passivo de um conjunto de tradições e costumes, mas como projeto, inclusive por constituir um processo de exercício de cidadania (Castells, 1999).

No contexto da sociedade contemporânea, caracterizada pela globalização, a identidade surge como objeto de direitos de cidadania. A articulação entre identidade e cidadania forma a base da teoria do multiculturalismo (Taylor, 1994). As identidades são afirmadas, em muitos casos, como uma forma de resistência social diante do poder da cultura hegemônica do etnocentrismo ocidental globalizado, herdeiro do colonialismo (McLaren, 1997).

No mundo globalizado, signos e símbolos efêmeros — porém poderosos — movimentam-se nos fluxos globais que caracterizam a sociedade em rede da era da informática. A busca de valores e referenciais de subsídio é a tônica da construção de identidade de resistência ou de projeto. Os movimentos sociais incumbem-se dessa busca, articulando críticas à cultura hegemônica do poder e contrapondo aos seus signos e símbolos outros próprios, muitas vezes enraizados em matrizes, tradições e processos de luta não ocidentais, reprimidos desde o Século das Luzes no processo de imposição da hegemonia colonial ocidental (Castells, 1999).

Nesse contexto, faz-se necessário assinalar a interligação da questão racial com a de gênero. Ambas passam fundamentalmente pela questão da identidade. Ao afirmar que não se nasce mulher, mas vive-se um processo complexo e socialmente condicionado de *tornar-se mulher*, Simone de Beauvoir (1952) traz à tona o processo de construção social da categoria "mulher" na sociedade patriarcal ocidental.

O objetivo final do processo de tornar-se mulher, para Beauvoir, é *assumir-se mulher* como projeto. Entretanto, para formular esse projeto é preciso forjar uma consciência crítica da identidade feminina construída socialmente no patriarcalismo. A desconstrução criteriosa dessa "falsa identidade" caracteriza forçosamente o projeto de tornar-se mulher.

O cerne da teoria feminista está na revelação da ideologia do patriarcalismo e em sua crítica. De acordo com essa ideologia, as desigualdades sociais associadas à condição feminina seriam consequência da "natureza" de sua constituição biológica orgânica. A diferença biológica entre macho e fêmea justificaria a distinção por sexo na atribuição de papéis sociais, direitos e deveres legais, expectativas de sucesso e assim por diante. As desigualdades entre homens e mulheres nos âmbitos da educação, do trabalho, da renda e da remuneração seriam consequências "naturais" da diferença entre os sexos. O efeito psicológico desse processo é devastador, pois a pessoa é levada a acreditar que sua condição de inferioridade social reflete uma verdadeira inferioridade congênita orgânica, um defeito na sua condição humana.

Evidencia-se nitidamente o paralelo entre esse processo e a justificação das desigualdades raciais, tornando-as "naturais". Essa justificação é acompanhada dos efeitos psicológicos de um ensino que reproduz preconceitos e estereótipos derivados das teorias pseudocientíficas da inferioridade biológica congênita do africano (ou do indígena) e de seus descendentes. Ou seja, o racismo se constitui e opera essencialmente da mesma forma que o sexismo. No campo da discriminação, resulta em desigualdades sociais estatisticamente mensuráveis. De forma mais ampla, determina e condiciona de diversas maneiras, ora diretas, ora sutis, as possibilidades e perspectivas de vida das pessoas e dos grupos humanos envolvidos. Assim, no Brasil, um estudo de primeira referência sobre a questão racial na psicologia nos remete à frase de Simone de Beauvoir: *tornar-se negro*. Esse é o enfoque da psicanalista Neusa Santos Souza (1983; cf. também Ribeiro, 1995). Esse processo de tornar-se negro, o projeto de identidade negra ou afrodescendente, passa pela desconstrução das representações negativas do negro construídas socialmente por meio da ideologia do supremacismo branco.

Os efeitos psicológicos da naturalização da condição social inferiorizada da mulher e do afrodescendente são reforçados em grande parte por meio do processo didático. As representações sociais negativas, carregadas de preconceitos e estereótipos, são internalizadas desde a primeira infância por meio de uma educação infantil e escolar imbuída das ideologias do patriarcalismo e do racismo. Elas são capazes de tolher o desenvolvimento da personalidade, da autoestima e da autonomia da mulher e do negro (Belotti, 1987; Souza, 1983).

Moema Toscano (2000, p. 22) aponta "o peso da educação formal [leia-se, aqui, da escola] na manutenção dos padrões discriminatórios, herdados da sociedade patriarcal". A trajetória da reflexão a respeito dessa problemática nos anos 1970 e 1980, com o movimento social feminista na linha de frente, focaliza a questão de gênero no ensino:

> O alvo principal [...] era a denúncia quanto à existência de práticas abertamente sexistas nas escolas, com a tolerância, quando não com a cumplicidade, de pais e professores. Estes, em geral, não se apercebiam do peso de seu papel na reprodução dos padrões tradicionais,

conservadores, que persistiam na educação, apesar de seu aparente compromisso com a democracia e a modernidade. (Toscano, 2000, p. 21)

Mais ou menos no mesmo período, o tema da discriminação racial na escola passou a ser estudado. O movimento social afro-brasileiro vem produzindo ação e literatura elaboradas sob vários enfoques. Um desses principais enfoques é o conteúdo explícito na literatura didática.[1] A crítica aponta várias distorções nesse tipo de literatura, a começar pela quase exclusão da figura afro-brasileira do conjunto do povo brasileiro. Na discussão da formação do povo brasileiro, há ricas e detalhadas referências às diversas origens culturais europeias, enquanto do negro diz-se apenas que veio da África como escravo. Não há referência às altamente desenvolvidas civilizações antigas africanas, transmitindo-se a ideia de que a civilização "universal" constitui monopólio do Ocidente. No caso da história do negro no Brasil, em particular a abolição da escravatura, a atuação do próprio africano escravizado dá lugar à suposta generosidade paternalista do branco. Dá-se a impressão de que o africano nunca lutou pela própria liberdade, e frequentemente reforça-se esse estereótipo com a alegação de que o negro veio para cá a fim de suprir a necessidade de mão de obra provocada pelo amor à liberdade — e consequente inadaptabilidade — do indígena ao regime escravista. Finalmente, os textos "induzem a criança a pensar, em geral, que a raça branca é a mais bonita e a mais inteligente" (Figueira, 1990).

Outro enfoque é sobre a reprodução cotidiana, na escola, de gestos, falas e representações que perpetuam o legado do determinismo racial. No imaginário social brasileiro, a identidade de origem africana é intimamente ligada às ideias de escravidão, trabalho braçal, inferioridade intelectual, atraso tecnológico, falta de desenvolvimento cultural,

1. Cito, entre outros: Mattos (1966); Rego (1981); Rosemberg (1984); Negrão (1987); Silva, M. (1988); Silva, C. (1995). Essa discussão tem resultado na publicação de obras que apresentam novas versões de aspectos da história e da cultura de origem africana: Andrade (1989); Barbosa (1990, 1992, 1994, 1995); Boulos Júnior (1990, 1992); Braz (1991, 1993); Cuti (1988).

moral, ético e estético — e, até mesmo, à ausência de desenvolvimento linguístico, já que as línguas africanas são tidas como "dialetos".

Uma terceira face da questão racial na escola refere-se às relações sociais no âmbito escolar. Consuelo Dores Silva (1995) aponta como a criança negra é estimulada por pais e professores a "não ligar" e a não reagir à agressão contida nos apelidos e xingamentos de cunho racial. A criança branca não é punida e sua atitude agressiva é implicitamente legitimada quando qualificada como "brincadeira". Cavalleiro (2000) mostra como a cumplicidade de pais e professores no silêncio sobre ideias e atitudes racistas reforça o sentimento de inferioridade e a baixa autoestima da criança afro-brasileira. Gomes (1995) investiga como os conceitos negativos sobre o negro fazem que a professora, muitas vezes ela mesma negra, tenda a incentivar menos a criança negra e a ter expectativas mais baixas em relação a ela. Maria José Silva (1988) focaliza a questão da linguagem do código escrito ensinado no processo de alfabetização: por ser distinta da linguagem cotidiana da criança de origem africana e pobre, ela acaba por dificultar o processo de aprendizagem.

Creio que se pode afirmar sem exagero que a questão racial tem sido ainda mais problemática do que a de gênero quando se trata de abordagens e intervenções no sentido prático perante educadores e a instituição escolar. Os avanços são muito mais lentos e as resistências, maiores, no caso da questão racial. Educadores e pais negam com insistência o caráter racista das noções embutidas no tecido cultural e linguístico da sociedade, mesmo confrontados diretamente com esses conteúdos.

Exemplo disso é o discurso de uma educadora feminista que, num seminário para professores sobre discriminação na escola, quis mostrar que a opressão da mulher é um fenômeno universal. Premissa básica de largos setores do feminismo, essa noção é contestada pelos que identificam a sustentação do patriarcalismo nas estruturas sociais do Ocidente, imposto em alguns casos sobre culturas não patriarcais (Oyewumi, 1997). De qualquer forma, a professora ilustrou o "fato" fazendo referência a certa etnia africana em que as mulheres serviam os homens e só comiam os restos, depois de vê-los satisfeitos. Com a crescente pobreza do continente africano, as mulheres estariam morrendo de fome em razão desse tradicional costume patriarcal.

Sem contestar o dramático apelo do exemplo como denúncia do patriarcalismo, questionei sua utilização diante de um público cuja ignorância sobre a África era quase absoluta, a maioria imaginando o continente como o equivalente a um país. A carga negativa que esse "país" tem no imaginário social brasileiro subsidia e fundamenta os estereótipos racistas diariamente veiculados sobre afrodescendentes no Brasil. O exemplo não reforçaria esses estereótipos, sendo identificado de forma geral com uma "África" ainda homogênea no imaginário brasileiro? A professora respondeu que ela nomeou a etnia, portanto não fez generalizações, e disse que o movimento negro gosta de romantizar a África, uma postura equivocada, pois "a África é uma miséria mesmo".

Trata-se de uma educadora engajada na luta contra a discriminação na escola, mas a medida de sua sensibilidade para a questão racial parece circunscrever-se na tradicional recusa à África por uma civilização brasileira que se identifica como branca e ocidental. A postura antirracista da professora pretende operar um divórcio entre o povo afrodescendente no Brasil e a sua terra de origem, como se a imagem de uma não se refletisse na constituição do imaginário social sobre o outro.

A discriminação racial tem sido identificada como fator de estímulo à evasão escolar e indutor de baixa autoestima entre alunos afro-brasileiros, prejudicando seu rendimento escolar, aumentando a possibilidade de repetência e reduzindo sua frequência às salas de aula.

Não é de hoje que o movimento social afro-brasileiro entende que a educação constitui um setor de ação prioritário para a transformação social. Já na década de 1930, a Frente Negra Brasileira tinha três finalidades principais: "congregar, educar e orientar".[2] Para ela, "a questão negra brasileira, segundo a opinião antiga e a contemporânea,

2. *Frente Negra Brasileira, suas finalidades e obras realizadas*. Documento redigido em 1936, de autoria do dr. Raul Joviano do Amaral (apud Fernandes, 1964, p. 345-57).

que havemos colhido entre a Gente Negra, é antes de tudo e principalmente um problema de educação".[3] A Frente Negra abrigava em sua sede em São Paulo uma bem organizada escola para crianças e cursos de alfabetização para adultos (Fernandes, 1964; Quilombhoje, 1998).

Na década de 1940, o Teatro Experimental do Negro manifestava sua preocupação com o tema da educação, criando cursos de alfabetização, arte e cultura para adultos e crianças (Quilombo, 1948-1950; Nascimento, 1968, 1976). O tema é abordado nas propostas de políticas públicas voltadas para a população afrodescendente contidas no Manifesto da Convenção Nacional do Negro de 1945, apresentado à Assembleia Nacional Constituinte de 1946 (Nascimento, 1968) e na seção "Nosso Programa" do jornal *Quilombo*, do Teatro Experimental do Negro (TEN). Em 1946, Abdias Nascimento comentava o seguinte a respeito da então recente inauguração do Palácio Gustavo Capanema:

> [...] enquanto o Ministério da Educação se esteriliza na granfinagem de um espetacular palácio modernista, construído para embasbacar a nossa gente humilde e conseguir créditos de originalidade e cultura no estrangeiro, alguns idealistas sinceros vão fundando aqui e acolá cursos de alfabetização para adultos e crianças, cursos esses completamente desamparados dos poderes públicos e que somente funcionam graças ao espírito de verdadeiros apóstolos que os animam. Um desses abnegados é o professor José Claudio do Nascimento, cujo amor à causa dos analfabetos nos morros cariocas o levou a fundar vários cursos, entre os quais a Escola José do Patrocínio e a Escola 13 de maio, a primeira localizada no Parque Arara e a outra no Morro da Favela.[4]

Na década de 1970, grupos de professores afrodescendentes organizavam-se para discutir a questão e articular formas de intervenção

3. *Manifesto à gente negra brasileira*, publicado no *Clarim d'Alvorada* em 8 de junho de 1929 e reproduzido para distribuição em forma de panfleto datado de 2 de dezembro de 1931 (apud Fernandes, 1964, p. 326-27).
4. "O povo reage contra o analfabetismo". *Diário Trabalhista*, Rio de Janeiro, 28 jun. 1946, p. 4. Coluna não assinada de Abdias Nascimento.

(Cunha Júnior, 1999). A partir dos anos 1980, surgiram em diversos estados brasileiros propostas de ação pedagógica (Cruz, 1985; Luz, 1989; *Cadernos de Pesquisa*, 1987; Silva, M. 1988; Triumpho, 1991; Larkin Nascimento, 1993).

Como parte desse conjunto de iniciativas, o Instituto de Pesquisas e Estudos Afro-Brasileiros (Ipeafro) organizou o curso de extensão "*Sankofa*: Conscientização da Cultura Afro-Brasileira" (Larkin Nascimento, 1994, 1996). Realizado no período de 1984 a 1995, esse curso desdobrou-se no 1º Fórum Estadual sobre o Ensino da História das Civilizações Africanas na Escola Pública, em 1991 (Larkin Nascimento, 1993).[5] As conclusões do 1º Fórum, com sugestões práticas de atividades pedagógicas, apresentam uma relação bastante significativa e diversificada de propostas e experiências de intervenção no sistema escolar.

Nos dez anos de realização do *Sankofa*, verificamos o anseio da população de origem africana por informações capazes de libertá-la dos estereótipos definidores daquela "cidadania lúdica"[6] a que a sociedade restringe a comunidade afro-brasileira. Reduzida sua identidade específica aos campos do esporte, do ritmo, do carnaval e da culinária, fica o afro-brasileiro, como coletividade, subliminarmente excluído das esferas política, econômica, tecnológica, científica — enfim, da cidadania produtiva e do protagonismo social.

Um dos mais destacados acontecimentos na política pública da educação no Brasil foi a elaboração, publicação em dez volumes e distribuição, pelo Ministério da Educação, dos Parâmetros Curriculares Nacionais (PCN), em 1997. Definiu-se a pluralidade cultural como tema transversal[7], dedicando-lhe parte do décimo volume do conjunto. Esse fato deve-se, sem dúvida, às intervenções do movimento negro, ao seu empenho em trazer o tema à mesa de discussão da educação no

5. Um segundo fórum, intitulado "Cidadania, identidade e educação: a experiência afro-brasileira" foi realizado em 1993. Ambos aconteceram em conjunto com a Seafro e com o apoio das secretarias estadual e municipal de Educação.

6. Expressão da vereadora Jurema Batista.

7. Os temas transversais são propostas de trabalho que envolvem todas as disciplinas e matérias, perpassando os conteúdos dos currículos como um todo.

país e a suas incansáveis iniciativas no que diz respeito à pesquisa e à divulgação do assunto.

A criação do tema transversal da pluralidade cultural nos PCN é um grande avanço em relação ao que antes existia com a chancela do Ministério da Educação e do Conselho Federal de Educação. O tema da diversidade é colocado e a matriz de origem africana, mencionada. Há referência implícita ao movimento social afro-brasileiro, com fotos de atos públicos por ele realizados. A associação ao tema transversal da ética ressalta a questão do respeito a valores culturais diferenciados, referência para o convívio de grupos sociais e culturais na sociedade.

Entretanto, como no caso do projeto de identidade (o "tornar-se" de Beauvoir), não basta afirmar a diversidade e o respeito aos valores alheios. Para construir uma compreensão efetiva da pluralidade cultural e combater a discriminação racial, é preciso criticar a hegemonia do etnocentrismo ocidental e revelar os mecanismos da dominação patriarcal e colonial. No caso do Brasil, isso significa desvelar as significações racistas da linguagem e dos conteúdos didáticos, bem como nomear as atitudes agressivas contidas em piadinhas, apelidos e incidentes aparentemente "sem importância". O impacto desses fatos na formação de uma personalidade infantil pode ser devastador. Somente a intervenção do educador seria capaz de neutralizar a carga de sentidos pejorativos investidos na psique da criança. O tradicional silêncio apenas a confirma, ao passo que reforça não só a posição relacional agressiva da criança branca como também o conteúdo pejorativo, com toda a carga de significações históricas ("seu nome é nome de escravo", cf. Silva, C., 1995). Como afirma a educadora Jeruse Romão, "para reinstalar uma outra identidade se faz necessário desinstalar os mecanismos de racismo" (Lima, Romão e Silveira, 1999, p. 41).

Sustento que a imagem distorcida da África, ou sua omissão, nos currículos escolares brasileiros legitima e ergue como verdades noções elaboradas para reforçar a supremacia branca e a dominação racial. Essa distorção, a meu ver, tem impacto tão devastador sobre a identidade afrodescendente quanto a supressão da resistência do negro à escravidão e a representação da matriz religiosa como "cultura arcaica" ou "culto animista", quando não "obra do diabo". A negação da ancestralidade na sua plena dimensão humana constitui elemento essencial da desumanização dessa população. Ademais, o sistema de significações criado pelo racismo baseia-se, em grande parte, no alicerce ainda pouco abalado da crença na incapacidade do africano de criar civilizações. Por isso, o curso *Sankofa* dava ênfase especial à história da África soberana, protagonista e construtora de seu próprio espaço. O objetivo era o de contrabalançar o confinamento da agência histórica afrodescendente aos campos do lúdico, da culinária e do religioso.

O SIMBOLISMO DO *SANKOFA*

O ideograma *sankofa* pertence a um conjunto de símbolos gráficos chamado *adinkra*, de origem *akan*. *Sankofa* significa "voltar e apanhar de novo. Aprender com o passado, construir sobre as fundações do passado. Em outras palavras, volte às suas raízes e construa sobre elas, para o desenvolvimento, o progresso e a prosperidade de sua comunidade em todos os aspectos da realização humana".[8]

O ideograma *sankofa* pertence, então, a um antigo sistema de escrita africano, fato significativo quando consideramos a tendência de negar à África a sua historicidade e de classificar seus povos como pré-históricos, com base na alegação de que nunca desenvolveram sistemas de escrita. Fica patente a ironia dessa alegação quando consideramos que os africanos estão entre os primeiros grupos humanos a desenvolver a escrita. Além dos hieróglifos e seus antecedentes, existem vários sistemas de escrita pictográfica, ideográfica e fonológica africanos, alguns criados antes da introdução da escrita árabe ao continente (Asante, 1990).

A história dos *adinkra* nos remete a outra forma de comunicação visual, a escrita por meio de objetos, ilustrada na significação simbólica do banco real (*gwa*) e do bastão do linguista do rei. O *gwa*, além de investido simbolicamente do poder político sacralizado, traz na sua forma conteúdos simbólicos, constituindo ideogramas em três dimensões. Existe, por exemplo, o *sankofa gwa*, com o mesmo significado do

8. Texto do Centro Nacional de Cultura Kumasi, em Gana, gentilmente fornecido pela embaixada daquele país.

respectivo *adinkra*. Da mesma forma, o bastão do linguista transmite mensagens simbólicas por meio de imagens esculpidas em madeira no seu extremo superior.

Sendo o linguista do rei o seu principal articulador e o intermediário entre o povo e o poder real, o significado do elemento simbólico de seu bastão adquire uma dimensão social e política profunda.

O banco real e o bastão do linguista representam, também, a complexidade e a sofisticação do estado político africano, entidade quase preterida na versão popularizada da história em que os povos africanos aparecem como "tribos primitivas", carentes de organização sociopolítica. Os estados políticos africanos, em pleno desenvolvimento por séculos antes da invasão europeia, chegaram a constituir impérios com extensão territorial maior que a do romano. Era o caso, por exemplo, do império de Mali nos séculos 13 e 14.

O ANTIGO EGITO E O CONHECIMENTO HUMANO

A versão corrente da história da filosofia está contida no *best-seller O mundo de Sofia* (Gaarder, 1994). Nele, o narrador ensina à adolescente Sofia a fórmula clássica em que a filosofia e o conhecimento científico parecem brotar espontaneamente da cabeça de alguns indivíduos na Grécia pré-socrática. Ao introduzir Tales de Mileto como "o primeiro filósofo de que ouvimos falar", o narrador nos informa que ele "viajou bastante pelo mundo. Entre outras coisas, diz-se que ele calculou a altura de uma pirâmide no Egito medindo a sombra da pirâmide no exato instante em que sua própria sombra tinha o mesmo comprimento da sua altura".

Também comenta o narrador que, nas suas andanças pelo Egito, Tales deve ter observado "como os campos inundados se tornavam férteis depois que as águas recuavam. Talvez também tenha visto como do nada surgem sapos e rãs e como o campo fica verde após a chuva" (Gaarder, 1994, p. 32).

A pirâmide egípcia aparece nessa cena ao fundo de uma paisagem anônima e vazia, enquanto o filósofo grego, único ser humano a habitar tal paisagem, executa a façanha de medir a sua altura. As safras crescem à beira do rio Nilo qual plantas selvagens em meio a sapos e minhocas; inexistem agricultores que as plantem e façam a colheita. Os egípcios, enfim, estão ausentes. A pirâmide é tratada como se fosse um fato da natureza. Assim, numa espécie de passe de magia branca, apaga-se o conhecimento construído por uma civilização ao longo de quatro milênios e surge o grego como primeiro criador da filosofia e da ciência.

O problema é que a pirâmide e a produção agrícola do povo do rio Nilo são frutos da construção, ao longo de milênios, de um profundo e desenvolvido conhecimento humano. Os egípcios manipulavam uma adiantada matemática abstrata desde 13 séculos antes de Euclides.[9] Identificavam o valor de pi[10] com uma exatidão sem precedentes; calculavam ângulos à precisão de 0,07°; desenvolviam sofisticadas técnicas e teoremas na matemática, geometria e engenharia (Lumpkin, 1983a, 1983b; Zaslavsky, 1983). O calendário do Egito antigo era mais exato do que o moderno (Van Sertima, 1983).

Hipócrates, considerado o pai da medicina, atuava por volta de 460 a.C. na Grécia. Dois milênios e meio antes disso, os egípcios Atótis, Imhotep e seus sucessores desenvolviam os fundamentos de uma medicina "objetiva e científica [...] baseada na observação atenciosa e repetida do paciente, na experiência clínica e num conhecimento antes insuspeito da anatomia".[11] Aliás, o próprio Hipócrates é autor

9. Esse conhecimento está contido nos papiros de Ahmes e de Moscou. Os teoremas utilizados pelos egípcios incluíam uma fórmula para calcular o volume de uma pirâmide truncada, o Problema 14 do papiro de Moscou. Os matemáticos modernos ainda se esforçam para compreender como os egípcios chegaram a essa fórmula: V = h/3 (a2 +ab +b2) (Lumpkin, 1983b).

10. A razão da circunferência de um círculo a seu diâmetro. O valor utilizado pelos egípcios era de 3,16 — bem mais próximo do valor correto (3,14159...) que a aproximação de 3 usada pelos babilônios (Zaslavsky, 1983).

11. Paul Ghalioungui, comentando o papiro Edwin Smith, cujo original data de 2.600 a.C. (apud Newsome, 1983, p. 132). De acordo com J. H. Breasted, tradutor do papiro, este contém capítulos sobre doenças intestinais, helmintíase, oftalmologia, dermatologia, ginecologia, obstetrícia, diagnóstico de gravidez, odontologia e o tratamento cirúrgico de abscessos, tumores, fraturas e queimaduras. Os egípcios iniciavam o conhecimento das técnicas de assepsia, hemostasia por cauterização, suturas, antissepsia com sais minerais, farmacologia, patologia, anatomia, enfim, "o que hoje se chamaria de medicina científica" (Newsome, 1983, p. 132).

do ensaio "Sobre a medicina antiga", que não é outra senão a própria medicina egípcia (Van Sertima, 1983).

No presente artigo, não será possível expor de forma detalhada os conteúdos do conhecimento científico-filosófico e os avanços tecnológicos alcançados pela civilização egípcia. Faz-se necessário registrar, entretanto, o fato do seu aniquilamento nos anais da História vista e projetada através de uma lente eurocentrista, que apresenta o "milagre grego" como início prístino do desenvolvimento do conhecimento.

O DESENVOLVIMENTO TECNOLÓGICO AFRICANO

Assim, vemos que o desenvolvimento político africano era acompanhado por um processo de desenvolvimento tecnológico, menos reconhecido ainda na versão histórica transmitida pelos currículos escolares em vigor. Vale ressaltar que essas conquistas tecnológicas não se restringem apenas ao caso do Egito. Como demonstram Diop (1955, 1974), Obenga (1980), Van Sertima (1983), Williams (1974) e outros autores, o legado egípcio fundamenta um desenvolvimento autóctone africano em todo o continente, assim como o saber greco-romano fundamenta a civilização ocidental de origem europeia. As tecnologias de mineração e metalurgia, a agricultura e a criação de gado, as ciências, a medicina, a matemática, a engenharia, a astronomia, enfim, todo um cabedal de conhecimento tecnológico e reflexão filosófica caracterizava tanto esses estados africanos como outras coletividades menores. Um exemplo está no testemunho do dr. R. W. Felkin, um cirurgião inglês que visitara em 1879 a região africana que hoje compreende Uganda. Ele registrou uma cesariana feita por médicos do povo banyoro, demonstrando profundo conhecimento dos conceitos e das técnicas de assepsia, anestesia, hemostasia, cauterização e outros aspectos da medicina. Africanos do antigo Egito e de Mali praticavam a remoção de cataratas oculares por meio de cirurgias, e tumores cerebrais eram operados no Egito há 4.600 anos (Van Sertima, 1983, p. 140-56; "Médicos egípcios extraíram tumor...", 1991).

Outra área de destaque no antigo saber africano é a astronomia. No Quênia, em 1978, a equipe de Lynch e Robbins, da Universidade

Estadual do Michigan, encontrou, ao lado do lago Turkana, os restos de um observatório astronômico semelhante ao de Stonehenge, na Inglaterra. Sua conclusão foi de que a evidência "atesta a complexidade do desenvolvimento cultural pré-histórico na África subsaariana. Sugere fortemente que um sistema de calendário complexo e preciso, baseado nos cálculos astronômicos, foi desenvolvido até o primeiro milênio a.C. na África Oriental" (Van Sertima, 1983).

Mais impressionante ainda é o conhecimento astronômico dogon, na região do antigo Mali, perto da antiga capital universitária de Timbuktu. Esse povo detém há muito uma concepção moderna do universo e um conceito extremamente complexo da astronomia. Os sacerdotes dogons conheciam, desde cinco a sete séculos atrás, o sistema solar, a Via-Láctea e sua estrutura espiral, as luas de Júpiter e os anéis de Saturno. Sabiam que "um bilhão de mundos espiralavam no espaço como a circulação do sangue no corpo de Deus". Sabiam da natureza deserta e infecunda da Lua, que diziam ser "seca e morta, como sangue seco". Muito antes que o Ocidente conseguisse observá-lo com a ajuda de sofisticados aparelhos, os dogons desenvolveram um conhecimento extremamente complexo do pequenino satélite da estrela Sírio, o Sírio B, invisível a olho nu. Denominaram-no PoTolo e desenharam, com exata precisão, a sua órbita elíptica em torno de Sírio. Projetaram corretamente a sua trajetória até o ano 1990, em desenhos que conferem precisamente com o curso projetado pela astronomia moderna (Van Sertima, 1983; Griaule, 1948).

No campo da metalurgia, há vários exemplos do que os africanos desenvolviam e exerciam, como no exemplo dos hayas, povo de fala banta habitante de uma região da Tanzânia perto do lago Vitória. Há 2 mil anos, produziam aço em fornos que atingiam temperaturas 200 a 400 graus centígrados a mais do que eram capazes os fornos europeus até o século 19. O antropólogo Peter Schmidt, da Universidade Brown, junto com os anciãos daquela região, chegou a reproduzir fisicamente a antiga tecnologia de fundição, resgatando as técnicas antigas de engenharia a partir da tradição oral da comunidade (Van Sertima, 1983).

Outro exemplo da tecnologia aplicada na África antiga encontra-se nas ruínas de Monomotapa, no antigo reino e hoje país Zimbábue. A construção de Monomotapa, capital de um império que durou 300 anos, significa uma verdadeira façanha de engenharia, encerrando uma cidade murada de 10 mil habitantes. O muro, de 250 metros de extensão e 15 mil toneladas de granito, tem dois metros de espessura; vale lembrar que apenas um metro de sua extensão contém 4.500 blocos de granito. Coerentes com a atitude eurocentrista, os estudiosos atribuíram sua construção a povos exógenos à África, e até a extraterrestres, no vão esforço de negar que o Grande Zimbábue tivesse sido construído por africanos negros (Asante e Asante, 1983).

Mencionamos apenas alguns exemplos do desenvolvimento científico-tecnológico na África tradicional. Por que tantas conquistas ficaram obscurecidas, prevalecendo a imagem do selvagem africano atrasado e ignorante? Vários fatores contribuem para esse fato. Os primeiros são a devastação dos centros civilizatórios africanos onde esse desenvolvimento acontecia e o sequestro para o cativeiro de enormes contingentes de sua juventude (Larkin Nascimento, 1994).

Outro fator na perpetuação dessa imagem é a fascinação dos estudiosos europeus, sobretudo dos antropólogos, pelo exótico. O enfoque antropológico, embora em suas mais nobres expressões tente respeitar o meio cultural estudado, detém-se em geral numa visão estática, localizando um grupo numa conjuntura e fixando-o como se estivesse preso para sempre à condição em que foi estudado. Esse enfoque, além de realçar a noção de "primitivo", obscurece os processos dinâmicos de fluxo e mudança que sempre caracterizaram a história africana. Palco de uma movimentação constante em busca de novos espaços, rotas comerciais, intercâmbio e comunicação internacional, a África nunca se reduziu ao viveiro de povos isolados, perdidos na selva e ocupados com a pesca e a caça que o enfoque antropológico acabou retratando. No século 12, por exemplo, estados da África Oriental mandavam ouro e elefantes à China em embarcações muito mais sofisticadas do que a caravela utilizada pelos portugueses três séculos mais tarde na sua acidental chegada às Américas (Van Sertima, 1983; Lopes, 1988).

O terceiro fator é que a história africana convencional foi escrita com base em documentos exógenos. Desde o tempo de Ibne Caldune, quando se inicia essa história segundo o critério do registro escrito, o documento estudado pelo historiador tem sido aquele confeccionado pelo invasor ou colonizador. Até muito recentemente, a tradição oral africana foi excluída como fonte de pesquisa histórica.

SANKOFA E A QUESTÃO DA CIVILIZAÇÃO

Costuma-se localizar a civilização do Egito antigo não na África, mas no "Oriente Médio". Geograficamente impossível, tal façanha se executa a partir da imagem que desenha uma África branca e civilizada ao norte do continente e outra África, negra e selvagem, ao sul do Saara. Diop (1974) analisa com ilustrações gráficas o processo pelo qual povos africanos negros como os berberes e os tebus, cujo retrato não deixa sombra de dúvida quanto à sua identidade étnica, foram transformados em "tipos mediterrâneos brancos" (cf. Larkin Nascimento, 1996).

Esse retrato do africano do norte branco, com traços físicos do tipo semítico, foi pintado séculos após o domínio mouro da Península Ibérica, quando os europeus viveram em contato íntimo com africanos do Norte. Naquela época, documentaram o rosto do mouro em imagens nítidas como aquela esboçada na pena de Shakespeare, o inesquecível personagem de Otelo, o Mouro. Ícones, estátuas e desenhos confirmam a mesma identidade africana dos mouros, portadores da civilização avançada e do conhecimento técnico e científico, que ensejaram uma grande renovação intelectual na Europa (cf. Larkin Nascimento, 1996).

Formulou-se ainda a teoria de uma raça "hamítica" ou "vermelho-escura", não negra, que teria dado origem à civilização clássica do Egito. Uma alternativa foi a hipótese de que grupos invasores não negros tenham sido os responsáveis pela construção das civilizações antigas da África, enquanto os "nativos" negros, dominados, serviam-lhes como escravos. Diop (1974) analisa e rebate essas teorias, oferecendo não apenas ampla documentação das distorções históricas difundidas pelo registro eurocentrista como também a representação gráfica da feição negra dos autores africanos da civilização egípcia.

ASPECTOS ANTIGOS DA QUESTÃO DE GÊNERO

Como observamos no início deste trabalho, o racismo e o patriarcalismo cruzam-se numa dinâmica de interação e dependência mútua ao desumanizar os grupos subordinados. São formas de dominação estreitamente interligadas, cuja especificidade não nega seu inter-relacionamento com a dominação econômica (González, 1983; Carneiro, 1995; CHRI, 2000). A crítica à dominação racial se entrelaça implicitamente com a crítica ao patriarcalismo.

Assim, bem antes que a Europa pensasse na voga pós-estruturalista ou no pós-modernismo, o cientista africanista Cheikh Anta Diop (1978) articulava uma das mais incisivas críticas ao modelo do universalismo patriarcal, seu estudo sobre a unidade das culturas pré-coloniais da África. Entre os principais elementos dessa unidade, figura a organização social matrilinear.

Diop mostra como certa antropologia ocidental postulava uma evolução universal da organização familiar e social humana, em que todos os grupos humanos progrediriam a partir do estado caótico da "horda primitiva" tão cara a Sigmund Freud, passando por fases também primitivas de matriarcalismo e matrilinearidade, e seguindo até atingir o ápice do desenvolvimento social, estágio da luz: o patriarcalismo. Diop analisa detalhadamente, nos alicerces e nas estruturas dessas teorias, não apenas seu aspecto eurocentrista como sua falta de sustentação empírica e seu embasamento na distorção interpretativa dos fatos. Revela o cientista africano que se trata de uma vertente do evolucionismo como teoria justificadora da subordinação das sociedades não ocidentais pela europeia, com sua pretensão ao universalismo humanista.

A matrilinearidade, identificada pelo evolucionismo como "estágio primitivo" no desenvolvimento social humano, caracterizava algumas das sociedades mais altamente organizadas da História, como o Egito e o império de Gana, onde o protagonismo da mulher prevalecia na organização jurídica, econômica, social e política. Refutando as teses evolucionistas, Diop sustenta que o desenvolvimento social, político e econômico não depende da subordinação da mulher. Ao contrário, indaga o africanista: qual é a sociedade mais plenamente desenvolvida, a que nega a metade de sua população sua plena condição humana ou a que reconhece e estimula em todos a sua capacidade de realização e contribuição à vida coletiva?[12]

No caso do Egito antigo, a partilha do poder no âmbito político e religioso expressa-se desde os tempos míticos do primeiro soberano e deus, Osíris, que governava em conjunto com sua irmã Ísis, dona do conhecimento da agricultura, transmitida à humanidade por ele. Assassinado, Osíris teve seu corpo despedaçado e os pedaços espalhados pelos quatro cantos do mundo. Ísis reconstitui o corpo de Osíris e o ressuscita. Ela ensina a filosofia do Ma'at: justiça, verdade e direito, matriz ética da nação. Observa Sônia Sanchez (1985, p. 50):

> [...] as deusas retinham o seu prestígio ao tornar-se esposas; o casal constituía a unidade religiosa e social; a mulher atuava como aliada e complemento do homem; possuía os mesmos direitos que o homem, os mesmos poderes na justiça: ela herdava, era proprietária. Acima de tudo, as mulheres ostentavam nomes que designavam os atributos divinos de Deus.

São abundantes os exemplos de mulheres soberanas no Egito antigo, tanto na esfera da condução e administração do Estado como na esfera religiosa e espiritual. Cleópatra, por exemplo, foi a estadista defensora da soberania de seu país contra o maior poder imperialista que o mundo conhecera, conseguindo manter por muito tempo a independência do Egito. A tradição das rainhas-mães africanas se estabelece na antiga Núbia ou Cush com a linhagem das kentakes (300 a.C.-200 d.C.), que reinavam por direito próprio e não na qualidade de esposas, com todos os poderes na esfera civil e militar. Angola nos dá o exemplo da rainha N'Zinha, contemporânea de Zumbi e uma soberana suficientemente competente para resistir aos dominadores portugueses e holandeses. Gana oferece a figura da rainha Yaa Asantewaa, que liderou a

12. Para uma visão resumida das teses de Diop em português, ver Larkin Nascimento (1996).

guerra dos asantes contra o domínio inglês. Esses exemplos não configuram casos isolados, mas confirmam uma tradição que nasce de profundas raízes histórico-culturais: o sistema sociopolítico matrilinear que caracteriza, desde seus primórdios, a organização social africana.

CONSIDERAÇÕES FINAIS

Na academia brasileira, as teorias de Diop tendem a ser rechaçadas ou, na melhor das hipóteses, citadas sem maiores comentários como teses polêmicas. Entretanto, Diop fundamenta suas afirmações por meio de rigorosa pesquisa científica. Seu empenho em documentar a identidade étnico-racial dos antigos egípcios está calcado na necessidade de recuperar o protagonismo histórico dos povos negros, inferiorizados com base na alegação de sua suposta incapacidade de construir civilizações ou comandar inovações tecnológicas. Essa imagem ainda permeia, de forma subjacente, um ensino brasileiro que restringe a identidade do afrodescendente ao campo da cultura lúdica, excluindo-o assim da ampla e plena cidadania.

A inferiorização do grupo étnico que por três quartos da existência do Brasil formou a grande maioria de sua população, e que ainda hoje é majoritária, gera um complexo de inferioridade prejudicial à constituição de uma verdadeira identidade nacional brasileira. Por isso, é importante participar e contribuir para o processo de integração dos assuntos afro-brasileiros no currículo escolar, para a preparação de quadros no magistério aptos para o ensino dessas matérias e para a construção, na escola e fora dela, de relações interétnicas positivas. Em resumo, trabalhar em prol da construção de um ensino orientado por uma visão consciente da realidade multirracial e pluricultural do país, contestando o modelo centrado na perspectiva de origem europeia, que nega ou escamoteia a agência histórica afrodescendente na sociedade humana e no Brasil.

Esse projeto não deve ser deixado apenas para os meses de novembro e maio, quando as datas comemorativas de Zumbi e da Abolição da Escravatura ensejam, na maioria das escolas, praticamente a única ocasião em que esses assuntos são abordados. Ao contrário, tal projeto precisa tornar-se uma realidade viva, constante e permanente dentro das escolas e sobretudo no contexto do processo de formação dos profissionais de ensino.

Acompanhando o movimento negro, situo a educação como prioridade de intervenção sobre o racismo, e espero que os dados reunidos neste artigo possam contribuir para o processo de construção de uma ação pedagógica eficaz e positiva a todos os grupos sociais e crianças brasileiras. Esse processo inclui, a meu ver, a disponibilização de referências à agência histórica dos afro-brasileiros e seus ancestrais. Somente a partir dos referenciais capazes de sustentar identificações será possível construir identidade. Ofereço as informações aqui reunidas na esperança de serem úteis ao conjunto de profissionais e leigos engajados no projeto de construção de identidades afro-brasileiras capazes de fundamentar o desenvolvimento de personalidades fortes e sadias, bem como a articulação de uma identidade nacional livre do recalque de sua matriz africana.

REFERÊNCIAS

ANDRADE, lnaldete Pinheiro. *Pai Adão era nagô*. Recife: Centro de Cultura Luiz Freire, 1989.

ASANTE, Molefi Kete. *Kemet, Afrocentricity, and knowledge*. Trenton: Africa World Press, 1990.

ASANTE, Kariamu; ASANTE, Molefi K. "Great Zimbabwe: an Ancient African City--State". In: VAN SERTIMA, Ivan (org.). *Blacks in science*. New Brunswick: Transaction Press, 1983.

BARBOSA, Rogério. *Contos ao redor da fogueira*. Rio de Janeiro: Agir, 1990.

______. *A morte ronda o Kalahari*. São Paulo: Moderna, 1992.

______. *Dingono, o pigmeu*. São Paulo: Melhoramentos, 1994.

______. *Sundjata: o príncipe Leão*. Rio de Janeiro: Agir, 1995.

BEAUVOIR, Simone de. *The second sex*. Nova York: Vintage Books, 1952.

BELOTTI, Elena Gianini. *Educar para a submissão — O descondicionamento da mulher*. 6. ed. Trad. Ephraim Ferreira Alves. Petrópolis: Vozes, 1987.

BOULOS JÚNIOR, Alfredo. *13 de maio, Abolição — Resolveu?* São Paulo: FTD, 1990.

______. *20 de novembro — A consciência nasceu na luta*. São Paulo: FTD, 1992.

BRAZ, Júlio Emílio. *Luís Gama — De escravo a libertador*. São Paulo: FTD, 1991.

______. *Liberteiros — A luta abolicionista no Ceará*. São Paulo: FTD, 1993.

CARNEIRO, Sueli. "Gênero, raça e ascensão social". *Estudos Feministas*, Rio de Janeiro, v. 3, n. 2, 1995. Dossiê Mulheres Negras.

CASTELLS, Manuel. *O poder da identidade — A era da informação: economia, sociedade e cultura*. v. 2. Trad. Klauss Brandini Gerhardt. Rio de Janeiro: Paz e Terra, 1999.

CAVALLEIRO, Eliane dos Santos. *Do silêncio do lar ao silêncio escolar – Racismo, preconceito e discriminação na educação infantil.* São Paulo: Contexto, 2000.

COMPARATIVE HUMAN RELATIONS INITIATIVE [CHRI]. *Beyond racism – Embracing an interdependent future.* Atlanta: Southern Education Foundation, 2000. 4 v.

CRUZ, Manoel de Almeida. *A pedagogia interétnica.* Salvador: Faculdade de Educação da UFBA, 1985.

CUNHA JÚNIOR, Henrique. "Pesquisas educacionais em temas de interesse dos afrodescendentes". In: LIMA, Ivan Costa; ROMÃO, Jeruse; SILVEIRA, Sônia Maria (orgs.). *Os negros e a escola brasileira.* Florianópolis: Núcleo de Estudos Negros (NEN), 1999. Série Pensamento Negro em Educação.

CUTI. *A pelada peluda no Largo da Bola.* São Paulo: Editora do Brasil, 1988.

DIOP, Cheikh Anta. *Nations negres et culture.* Paris: Présence Africaine, 1955.

______. *The African origin of civilization – Myth or reality.* Trad. Mercer Cook. Westport: Lawrence Hill, 1974.

______. *The cultural unity of Black Africa.* Paris: Présence Africaine, 1963; Chicago: Third World Press, 1978.

FERNANDES, Florestan. *A integração do negro à sociedade de classes.* São Paulo: FFLCH/USP, 1964.

FIGUEIRA, Vera Moreira. "O preconceito racial na escola". In: LARKIN NASCIMENTO, E. (org.). *A África na escola brasileira.* 2. ed. Rio de Janeiro: Seafro, 1993. Publicado originalmente na revista *Estudos Afro-Asiáticos*, Rio de Janeiro, n. 18, 1990.

CADERNOS DE PESQUISA. n. 63. Fundação Carlos Chagas. São Paulo, nov. 1987.

GAARDER, Jostein. *Sophie's world.* Nova York: Berkeley Books, 1994. [Ed. bras.: *O mundo de Sofia.* São Paulo: Companhia das Letras, 2012.]

GOMES, Nilma Lino. *A mulher negra que vi de perto.* Belo Horizonte: Mazza, 1995.

GONZÁLEZ, Lélia. "Racismo e sexismo na cultura brasileira". In: SILVA, Luiz Antonio et. al. *Movimentos sociais urbanos, minorias étnicas e outros estudos.* Brasília: Anpocs, 1983.

GRIAULE, Marcel. *Dieu D'Eau – Entretiens avec Ogotemmêli.* Paris: Les Éditions du Chêne, 1948.

LARKIN NASCIMENTO, Elisa. *A África na escola brasileira.* 1. ed. Brasília: Gabinete do Senador Abdias do Nascimento, 1991. 2. ed. Rio de Janeiro: Seafro, Governo do Estado do Rio de Janeiro, 1993.

______(org.). *Sankofa – Resgate da cultura afro-brasileira.* Rio de Janeiro: Seafro, 1994. 2 v.

______. *Sankofa – A matriz africana do mundo.* Rio de Janeiro: EdUERJ, 1996. Coleção Sankofa: matrizes africanas da cultura brasileira. v. 1.

LIMA, Ivan Costa; ROMÃO, Jeruse; SILVEIRA, Sônia Maria (orgs.). *Educação popular afro-brasileira.* Florianópolis: Núcleo de Estudos Negros, 1999. Série Pensamento Negro em Educação, n. 5.

LOPES, Nei. *Bantos, malês e identidade negra.* Rio de Janeiro: Forense Universitária, 1988.

LUMPKIN, Beatriz. "Africa in the mainstream of mathematics history". In: VAN SERTIMA, Ivan. *Blacks in science.* New Brunswick: Transaction Press, 1983a.

______. "The pyramids: ancient showcase of African science and technology". In: VAN SERTIMA, Ivan (org.). *Blacks in science.* New Brunswick: Transaction Press, 1983b.

LUZ, Marco Aurélio (org.). *Identidade negra e educação*. Salvador: Ianamá, 1989.

"Médicos egípcios extraíram tumor há 4.600 anos". *Jornal do Brasil*, Rio de Janeiro, 1º caderno, p. 5, 27 dez. 1991. Disponível em: https://memoria.bn.br/DocReader/docreader.aspx?bib=030015_11&pasta=ano%20199&pesq=&pagfis=65710. Acesso em: 14 dez. 2023.

MATTOS, Guiomar Ferreira de. "O preconceito nos livros infantis". In: *Teatro Experimental do Negro — Testemunhos*. Rio de Janeiro: GRD, 1966.

MCLAREN, Peter. *Multiculturalismo crítico*. São Paulo: Cortez/Instituto Paulo Freire, 1997.

NASCIMENTO, Abdias. "Depoimento". In: CAVALCANTI, Pedro Celso Uchôa; RAMOS, Jovelino (orgs.). *Memórias do exílio*. Lisboa: Arcádia, 1976.

______. *O negro revoltado*. 1. ed. Rio de Janeiro: GRD, 1968. 2. ed. Rio de Janeiro: Nova Fronteira, 1982.

NEGRÃO, Esmeralda V. "Preconceitos e discriminações raciais em livros didáticos infantojuvenis". In: *Diagnóstico sobre a situação de negros (pretos e pardos) no estado de São Paulo*. São Paulo: Fundação Carlos Chagas, 1987.

NEWSOME, Frederick. "Black contributions to early history of Western medicine". In: VAN SERTIMA, Ivan (org.). *Blacks in science*. New Brunswick: Transaction Press, 1983

OBENGA, Theophile. *Pour une nouvelle histoire*. Paris: Présence Africaine, 1980.

OYEWUMI, Oyeronke. *The invention of women — Making an African sense of Western gender discourses*. Minneapolis: University of Minnesota Press, 1997.

PINTO, Regina Pahim. "Diferenças étnico-raciais e formação do professor". *Cadernos de Pesquisa*, n. 108, p. 199-231, nov. 1999. Disponível em: https://www.scielo.br/j/cp/a/pPnmFRCGn37XX3H6MR8WRkc/?format=pdf&lang=pt. Acesso em: 14 dez. 2023.

QUILOMBO – Vida, problemas e aspirações do negro. Rio de Janeiro, v. 1-2, n. 1-11, 1948--50. Jornal do Teatro Experimental do Negro. Disponível em: https://ipeafro.org.br/acervo-digital/leituras/ten-publicacoes/jornal-quilombo-no-01/.

QUILOMBHOJE (org.). *Frente Negra Brasileira — Depoimentos*. Entrevistas e textos de Márcio Barbosa. São Paulo: Fundo Nacional da Cultura, 1998.

REGO, Maria Filomena. *O aprendizado da ordem*. Rio de Janeiro: Achiamé, 1981.

RIBEIRO, Matilde. "Tornar-se negra: construção da identidade de gênero e de raça". *Presença de Mulher*, São Paulo, v. 7, n. 28, 1995.

ROSEMBERG, Fúlvia. *Literatura infantil e ideologia*. São Paulo: Global, 1984.

SANCHEZ, Sônia. "Nefertiti, queen to a sacred mission". In: VAN SERTIMA, I. (org.). *Black women in Antiquity*. New Brunswick: Transaction Books, 1985.

SILVA, Ana Célia. *A discriminação do negro no livro didático*. Salvador: CED, 1995.

SILVA, Consuelo Dores. *Negro, qual é o seu nome?* Belo Horizonte: Mazza, 1995.

SILVA, Maria José Lopes da. *Fundamentos teóricos da pedagogia multirracial*. Rio de Janeiro, mimeo, 1988.

SOUZA, Neusa dos Santos. *Tornar-se negro*. Rio de Janeiro: Graal, 1983.

TAYLOR, C. et al. *Multiculturalism*. Princeton: Princeton University Press, 1994.

TOSCANO, Moema. *Estereótipos sexuais na educação — Um manual para o educador*. Petrópolis: Vozes, 2000.

TRIUMPHO, Vera Regina (org.). *Rio Grande do Sul — Aspectos da negritude*. Porto Alegre: Martins Livreiro, 1991.

VAN SERTIMA, Ivan (org.). *Blacks in science*. New Brunswick: Transaction Press, 1983.
WILLIAMS, Chancellor. *The destruction of Black civilization*. Chicago: Third World Press, 1974.
ZASLAVSKY, Claudia. "The Yoruba number system". In: VAN SERTIMA, Ivan (org.). *Blacks in science*. New Brunswick: Transaction Press, 1983.

6. Educação antirracista: compromisso indispensável para um mundo melhor

Eliane Cavalleiro

Nem sempre é fácil estabelecer um diálogo sobre temas polêmicos: política, religião, sexo, machismo, racismo... Porém são temas que, por causa de sua importância, não podem permanecer fora da pauta de discussões sobre educação e cidadania.

Tenho, ao longo dos últimos cinco anos, pesquisado e discutido as relações raciais no Brasil e, principalmente, a presença de racismo, preconceito e discriminação raciais nas escolas brasileiras.

O fato de ser mulher negra, mãe de meninos e educadora colabora para que eu desenvolva uma reflexão profunda acerca dos aspectos maléficos do racismo e de seus derivados no espaço escolar, sempre mantendo diálogos frequentes com professores e professoras.

O desejo permanente de refletir com educadores a temática racial não significa que eu entenda que os prejuízos da população negra se dão unicamente no espaço escolar, tampouco que eu pense que os profissionais da educação são os únicos responsáveis pela disseminação do racismo na sociedade. Ele se deve ao fato de eu perceber o professor como um forte aliado para formar cidadãos livres de sentimentos de racismo. E, felizmente, ao longo dessa trajetória tenho encontrado muitos educadores negros e não negros compromissados com a eliminação do racismo e de outras discriminações no ambiente escolar, tornando a escola um espaço de desenvolvimento e satisfação para todos os que lá estão presentes.

Assim, o meu diálogo com você, leitor, será com o propósito de refletirmos um pouco mais sobre como reconhecer e enfrentar o racismo, o preconceito e a discriminação no espaço escolar, utilizando o relacionamento com nossos alunos e alunas como elemento fundamental para efetivarmos uma educação antirracista.

BRASIL: SOCIEDADE JUSTA E SOLIDÁRIA

Construir uma sociedade livre, justa e solidária; garantir o desenvolvimento nacional; erradicar a pobreza e a marginalização; reduzir as desigualdades sociais e regionais; promover o bem de todos, sem preconceitos de origem, raça, sexo, cor, idade e quaisquer outras formas de discriminação constituem objetivos fundamentais da nossa República e constam no artigo 3º da Constituição Federal.

Entretanto, por causa do racismo ainda existente no Brasil, muitos direitos não têm sido respeitados — o direito ao trabalho, à permanência na escola, à moradia digna etc. —, o que em diversos momentos põe em xeque a democracia brasileira. Ideologias, estereótipos e práticas discriminatórias continuam influenciando nossa realidade.

A educação formal tem grande relevância para a formação de cidadãos críticos e conhecedores de seus direitos civis, políticos e sociais. Torna-se, assim, fundamental a reflexão por parte de nós, profissionais da educação, sobre a presença das formas que conduzem às desigualdades na sociedade e também no espaço escolar. Compreender e reconhecer a desvantagem que o racismo constitui para o desenvolvimento das relações sociais entre negros e brancos — com a penalização dos cidadãos negros[1] — é fundamental para enfrentar essa falta de equidade.

Todavia, essa temática ainda hoje causa um flagrante mal-estar. Pois, mesmo diante das desigualdades sociais entre os grupos raciais, há uma relutância em aceitá-las como resultantes de processos estruturantes de exclusão do grupo negro. O mal-estar torna-se ainda maior perante a possibilidade de se reconhecer e aceitar a existência de tratamentos diferenciados no cotidiano escolar.

Nessa longa estrada, muito avançamos no entendimento de como a discriminação e o preconceito raciais operam nas escolas. Muito falamos, mas pouco mudamos o quadro social. Neste artigo,

1. Neste trabalho, a palavra "negro" será usada para designar o segmento racial composto por pessoas que se autoclassificaram ou foram classificadas no censo como de cor preta ou parda. Consideramos "negros" os "pretos e pardos", segundo as definições do IBGE.

pretendo focalizar ações indispensáveis para a realização de uma educação antirracista.

De início, uma pergunta torna-se necessária: é desejo da sociedade brasileira ver constituída no país uma democracia em que seja possível a todo cidadão usufruir satisfatoriamente da estrutura do bem-estar social?

DESIGUALDADE COTIDIANA

É um senso comum acreditar que nas escolas todos estão usufruindo das mesmas oportunidades. Todavia, a qualidade das relações nesse espaço pode gerar graves desigualdades.

Pesquisas estampam a existência de acontecimentos no espaço escolar que dificultam e até mesmo impedem o desenvolvimento satisfatório de parcela de alunos/as negros/as. Estudos acadêmicos como os de Raquel Oliveira (1992), Eliana Oliveira (1994) e Eliete de Godoy (1996), entre outros, justificam essa afirmação.

A pesquisa que desenvolvi em 1998 também colaborou para evidenciar aspectos do cotidiano escolar bastante prejudiciais ao desenvolvimento de crianças socialmente diferenciadas. Ela foi projetada tendo em vista o acompanhamento do indivíduo no convívio social, em suas relações raciais no espaço pré-escolar e no espaço familiar. Interessava observar adultos e crianças interagindo na situação escolar; importava presenciar a intervenção dos profissionais da instituição durante e após a ocorrência de conflitos de ordem racial. Assim, foi tomada como principal fonte de coleta de dados a observação sistemática de elementos participantes do cotidiano pré-escolar. Pautei-me sobretudo na observação da relação professor/aluno, aluno/professor e aluno/aluno.

A observação, realizada em uma escola municipal de educação infantil (Emei) pelo período de oito meses, semanalmente, em três salas de aula, possibilitou o exame de: a) alguns procedimentos de crianças e adultos diante da diversidade racial; b) valores atribuídos pelos profissionais de educação à sua clientela; valores atribuídos pelas crianças aos seus pares; c) atitudes e práticas que evidenciam a presença de discriminação e preconceito na pré-escola.

Em uma segunda etapa, foram entrevistados profissionais da escola, alunos/as e seus familiares. Nas entrevistas, a preocupação básica foi levantar os efeitos das relações raciais na vida dos/as entrevistados/as e na sociedade brasileira. A união das duas etapas ampliou a compreensão do processo de socialização desenvolvido na educação infantil no que tange ao fator racial, bem como possibilitou o conhecimento de situações que colocam em risco o desenvolvimento da criança negra.

Uma reflexão cuidadosa a respeito dos dados coletados reforça a importância da ação de professores e professoras no combate às desigualdades no espaço escolar e sinaliza possíveis caminhos para uma educação antirracista, o que certamente colaborará para a transformação desse quadro de racismo na sociedade mais ampla.

A CRIANÇA NEGRA NA PRÉ-ESCOLA: ASPECTOS PREOCUPANTES

Um olhar superficial sobre o cotidiano escolar dá margem à crença de que existe, ali, uma relação harmoniosa entre adultos e crianças, negros e brancos. Entretanto, esse aspecto positivo torna-se contraditório à medida que, no espaço de convivência das crianças, não são encontrados cartazes, fotos ou livros infantis que expressem a existência de crianças não brancas na sociedade brasileira.

Dessa maneira, o espaço escolar reproduz o modelo de beleza branca/europeia predominante nos meios de comunicação e na vida social. A ocorrência desses acontecimentos também na escola parece confirmar às crianças uma suposta superioridade do modelo humano branco.

São acontecimentos que podem parecer apenas um detalhe do cotidiano pré-escolar, porém revelam uma prática que pode prejudicar severamente o processo de socialização de crianças negras, imprimindo-lhes estigmas indeléveis.

Acontecimentos como esses contribuem para um sentimento de recusa às características raciais do grupo negro e fortalecem o desejo de pertencer ao grupo branco, como o exemplo mostra: “É, eu disse para ela [à professora] que eu não queria ser preta, eu queria ser como a Angélica.[2] Ela é bonita!"

O fato de as professoras se basearem na cor da pele e/ou nas características raciais de seus alunos para diferenciá-los — "a moreninha", "a branquinha", "aquela de cor", "a japonesinha" — constitui um aspecto que merece atenção. Não nos podemos esquecer de que essa diferenciação representa um problema, pois vigora no país uma hierarquia racial.

Além do mais, cabe considerar que esses comentários feitos na presença das crianças podem ser por elas interiorizados e reproduzidos nos demais espaços da sociedade. São tratamentos que denotam desrespeito e podem constranger as crianças.

Outro aspecto que merece reflexão é o não reconhecimento dos efeitos prejudiciais do racismo e de quaisquer tipos de discriminação. A criança negra que passa por constrangimentos em geral não é "acolhida". É como nos fala uma menina de 6 anos: "As crianças me xingam de preta que não toma banho. Só porque eu sou preta, elas falam que eu não tomo banho. Ficam me xingando de preta cor de carvão. Elas me xingaram de preta fedida. Eu contei para a professora e ela não fez nada".

A ausência de atitude por parte de professores/as sinaliza à criança discriminada que ela não pode contar com o apoio de seus educadores. Por outro lado, para a criança que discrimina, sinaliza que ela pode repetir a sua ação, visto que nada é feito, seu comportamento nem sequer é criticado. A conivência dos profissionais da educação banaliza a discriminação racial. "Não é no silêncio que os homens se fazem, mas na palavra, no trabalho, na ação-reflexão" (Freire, 1987, p. 78).

Também a ocorrência de atitude irônica em relação às crianças negras representa um dado a ser considerado, pois todo comentário realizado no espaço escolar, sobretudo diante de outras crianças, poderá ser por estas absorvido e entendido como um comportamento que pode ser reproduzido. Xingamentos, ofensas e ironias encobrem um preconceito latente.

2. A menina se refere a uma apresentadora de televisão.

Como exemplo, temos situações nas quais professores/as se referem às crianças negras como: "filhotes de São Benedito", "cão em forma de gente", "carvãozinho", entre outros. No diálogo com as professoras participantes da pesquisa, constatou-se a existência de um pensamento que considera normal o modo de adjetivar pejorativamente as crianças negras. As "metáforas" no cotidiano escolar não têm o seu significado devidamente avaliado. Não há a compreensão de que elas possam feri-las, ser determinantes na sua identidade, inferiorizando-as e oprimindo-as. Uma vez cristalizadas, por vezes passam a ser assumidas pelo próprio oprimido, o que torna difícil a reversão do quadro de inferioridade.

Outro aspecto bastante comprometedor é a existência de um tratamento diferenciado e mais afetivo dirigido às crianças brancas. A análise do comportamento não verbal evidencia que as interações entre o professor e o aluno branco são caracterizadas pelo natural contato físico, acompanhado de beijos, abraços e olhares, o que comprova um maior grau de afeto.

Inversamente, na relação entre o professor e o aluno negro, o contato físico mostrou-se mais escasso, com pouco estímulo e afeto. Desse modo, a criança branca recebe mais atenção e incentivos, o que a leva a se sentir mais aceita e querida do que as demais e impõe um sofrimento sistemático às crianças negras.

No relacionamento entre alunos, ao menos um aspecto positivo foi encontrado e deve ser ressaltado. O contato físico entre crianças negras e brancas e vice-versa é bastante frequente, o que sugere não haver uma rigidez de atitudes por parte das crianças, mesmo considerando que muitas já interiorizaram um sentimento preconceituoso.

Os acontecimentos aqui destacados evidenciam a existência do problema racial no cotidiano escolar. Constata-se um sofrimento por parte da criança negra exposta diariamente à situação de violência, o que dificulta a construção de uma identidade positiva. Ao mesmo tempo, à criança branca é ensinada uma superioridade, visto que, todo dia, recebe provas fartas dessa premissa.

É importante despertarmos para o fato de que tais práticas, embora não se iniciem na escola, contam com esse ambiente para seu reforço. Muitas vezes, nas relações diárias estabelecidas nas escolas ocorre a difusão de valores, crenças, comportamentos e atitudes de hostilidade em relação ao grupo negro — o que compromete seu reconhecimento e sua aceitação por parte dos que lá estão.

Assim, o ambiente escolar reproduz o padrão tradicional da sociedade. O que é compreensível, mas não aceitável.

Ao se acharem livres do preconceito e da discriminação, muitas escolas têm perpetuado desigualdades de tratamento e minado efetivas oportunidades igualitárias a todas as crianças.

Sabemos que a transformação da sociedade não é apenas tarefa da escola. Mas esperamos que ela acompanhe as transformações sociais e as mudanças históricas.

EDUCAÇÃO E EXCLUSÃO

Em várias instâncias da vida social, é possível constatar o tratamento diferenciado dado a negros e brancos. Os piores equipamentos sociais estão localizados em regiões periféricas das grandes cidades. Assim, pode-se imediatamente atrelar a condição de pobreza à variável racial. Daí, para negros e negras, as piores condições no mercado de trabalho formal, habitação, saúde, renda etc. (ver Dieese, 1999).

Essas desigualdades repercutem sobremaneira na distribuição de renda e, paralelamente, no acesso aos demais setores da sociedade. As estatísticas estampam a diferença de participação entre os grupos raciais e rompem com a ideia falaciosa de uma democracia racial brasileira (ver Dieese, 1999).

Pode-se dizer que a desigualdade racial na instrução escolar resulta, em certa medida, do não investimento em uma escola pública de qualidade, na qual professores e professoras estejam preparados e atentos para a diversidade racial.

Em muitas escolas públicas, a diversidade racial permanece aparentemente diluída no cotidiano escolar, como se não constituísse aspecto importante para a formação de alunos e alunas. Esse fato torna-se preocupante na rede de escolas particulares, nas quais o número de estudantes negros é irrisório. Aí não há sequer espaço para conflito e reflexão.

A construção de uma sociedade igualitária depende de ações concretas, tanto por parte dos nossos governantes quanto da sociedade civil. Um fator decisivo para romper com o quadro de exclusão no sistema educacional — e assim diminuir o débito para com a população negra — é a elaboração de um cotidiano escolar que contemple as necessidades específicas de alunos/as negros/as, a saber: a) reconhecimento da problemática racial na sociedade; b) desenvolvimento de estratégias pedagógicas que possibilitem o reconhecimento da igualdade entre os grupos raciais e, paralelamente, a aceitação positiva dos alunos negros pelos demais estudantes; c) provimento de alternativas para a construção de autoconceito positivo e autoestima elevada para crianças e adolescentes negros, incentivando-os a construir projetos de vida.

A educação antirracista reconhece o ambiente escolar como um espaço privilegiado para a realização de um trabalho que possibilite o conhecimento respeitoso das diferenças raciais, bem como dos indivíduos pertencentes a grupos discriminados.

É condição para a realização de uma educação antirracista o reconhecimento da diversidade presente nas escolas, somado ao compromisso por parte dos educadores.

POR QUE FALAR EM EDUCAÇÃO ANTIRRACISTA?

Um galo sozinho não tece uma manhã:
ele precisará sempre de outros galos.
De um que apanhe esse grito que ele
e o lance a outro; de um outro galo
que apanhe o grito que um galo antes
e o lance a outro; e de outros galos
que com muitos outros galos, se cruzem
os fios de sol de seus gritos de galo,
para que a manhã, desde uma teia tênue,
se vá tecendo, entre todos os galos.
[...]

João Cabral de Melo Neto, "Tecendo a manhã"

A educação antirracista é pensada como um recurso para melhorar a qualidade do ensino e preparar todos os alunos e alunas para a prática da cidadania. Como aponta a educadora Enid Lee (1999, p. 19), ela "atravessa várias áreas do conhecimento e prioriza as histórias e as experiências daqueles que foram excluídos do currículo. Objetiva ajudar-nos a tratar com equidade as diferenças culturais e raciais encontradas na espécie humana".

Trata-se de "municiar alunos, pais e professores com as ferramentas necessárias ao combate ao racismo e à discriminação racial, e encontrar maneiras de construir uma sociedade que inclua todas as pessoas com equidade" (Lee, 1999).

No cotidiano escolar, a educação antirracista visa erradicar o preconceito, as discriminações e os tratamentos diferenciados. Nela, ideias e estereótipos preconcebidos, estejam onde estiverem (meios de comunicação, material didático e de apoio, corpo discente, docente etc.), precisam ser duramente criticados e banidos. É um caminho que conduz à valorização da igualdade nas relações. E, para isso, o olhar crítico é a ferramenta mestra.

Almeja, nesse sentido, possibilitar aos indivíduos pertencentes ao grupo de atingidos pelos preconceitos a reconquista de uma identidade positiva, dotada de amor e orgulho próprios. Nela, é permanente o combate aos sentimentos de inferioridade e superioridade, visto que a palavra máxima da educação antirracista é a igualdade entre os seres humanos.

Segundo Botelho (2000), "para conduzir à cidadania é necessário que o educador social tenha, além do reconhecimento da existência do racismo, do preconceito e da discriminação e suas consequências prejudiciais para a formação dos indivíduos, um princípio ético que o impulsiona para a busca de equidade social".

Somente uma educação calcada na informação e no questionamento crítico a respeito das desigualdades sociais, bem como dos problemas relacionados ao preconceito e à discriminação, pode concorrer para a transformação dessa sociedade que tem, sistematicamente, alijado muitos indivíduos do direito à cidadania.

Esta preocupação deve, portanto, estar presente desde a educação da criança pequena até a educação do futuro profissional das mais distintas áreas de trabalho.

Ou nós, educadores, realizamos esse trabalho ou atuamos a favor da disseminação dos preconceitos. Não há como nos mantermos neutros. É preciso optar, pois lutar contra isso não é tarefa exclusiva da população negra. "A superação do racismo deve ser desejada pelos membros da comunidade como requisito primeiro para a plena recuperação da dignidade da condição humana" (Bernd, 1994, p. 57).

DESIGUALDADE NA EDUCAÇÃO: RECONHECER PARA DESTRUIR

Para que nós, professores e professoras, ampliemos nossa visão sobre a desigualdade racial na educação, faz-se necessário questionarmos o dia a dia nas escolas e, principalmente, o nosso fazer profissional.

Assim, mais do que nos prendermos às nossas ideias e suposições, que muitas vezes impedem a compreensão do problema, precisamos atentar para nossas atitudes e nossos comportamentos, bem como os de toda a equipe escolar. Mas, acima de tudo, devemos ouvir com atenção as vozes de pais, alunos e alunas que vivem a experiência direta com o problema racial. É imperioso atentar para "a importância do miúdo, a importância do oral, a importância do dia a dia. A importância do saber do mais velho" (Sodré, 2000, p. 28).

No espaço escolar, nem sempre os agentes estão conscientes de que a manutenção de preconceitos seja um problema. Dessa forma, interiorizamos atitudes e comportamentos discriminatórios que passam a fazer parte de nosso cotidiano, mantendo e/ou disseminando as desigualdades sociais.

Somente a união da experiência dos profissionais da educação e da experiência de vida de crianças e adolescentes — negros e não negros — e de seus familiares pode tornar evidentes aspectos do cotidiano escolar que escapam à nossa visão.

Compreender esses três ângulos da questão possibilitará a análise crítica das relações estabelecidas entre os elementos participantes do cotidiano escolar e o modo como nele operam tratamentos diferenciados.

LENDO A ESCOLA: ASPECTOS PREJUDICIAIS À ACEITAÇÃO DA IGUALDADE ENTRE OS SERES HUMANOS

As diversas instituições socializadoras têm disseminado estereótipos e ideologias prejudiciais à aceitação da igualdade entre os seres humanos. Muitos aspectos do cotidiano escolar contribuem para que crianças e adolescentes apreendam e cristalizem ideias racistas e práticas discriminatórias.

Devemos considerar que, embora as atitudes e os comportamentos de nossos/as alunos/as não sejam obrigatoriamente cópias fiéis das nossas, estes também podem copiar exatamente nossa conduta.

No espaço escolar, como já dissemos, muitos dos aspectos presentes reforçam uma hierarquia entre os grupos raciais. Na expressão verbal, o racismo é disseminado quando ocorrem falas explícitas ou implícitas que depreciam a participação de alunos/as negros/as.

São discursos que tendem, em muitas situações, a desprezar sua inteligência e beleza, menosprezar seu desenvolvimento, sua estética ou criticar tendenciosamente seu comportamento. Como vimos, falas negativas e preconceituosas a respeito da cultura, da família e do grupo racial negro podem comprometer o desenvolvimento das crianças e dos adolescentes negros, gerando ou intensificando um sentimento de inferioridade e uma autoestima fragilizada. Comentários depreciativos, por vezes irônicos, são extremamente prejudiciais. É preciso *ouvir* esses discursos e refletir sobre o conteúdo da linguagem utilizada no cotidiano escolar.

A ausência de iniciativas para lidar com conflitos raciais entre alunos e alunas mantém o quadro de discriminação. Diante desses conflitos, o silêncio revela conivência com tais procedimentos. Para a criança discriminada, indica menosprezo pelo seu sofrimento. E, sobretudo, explicita que ela não pode contar com nenhum apoio em outras situações semelhantes.

A expressão não verbal, no cotidiano da educação infantil e do ensino fundamental, é muito rica e portadora de mensagens que servem tanto para estimular a participação das crianças quanto para diferenciar o lugar de ocupação delas. Não podemos afirmar que todas as crianças conseguem captar as mensagens contidas em olhares, gestos e atitudes presentes nas escolas. Mas podemos afirmar que a comunicação não verbal, no cotidiano escolar, expressa tanto o tipo de relacionamento aceito e valorizado quanto o não aceito, não valorizado e não desejado.

Para a formação de sentimentos racistas, podemos destacar:

- *Afastamento:* atitudes e comportamentos que visam evitar o contato físico e o diálogo. Ou seja, uma relação pautada no distanciamento entre professores/as e alunos/as.
- *Rejeição:* todos os comportamentos que levam à rejeição do contato físico e verbal com crianças e/ ou adolescentes negros.

A utilização de material pedagógico ou de apoio que não contemple a diversidade de alunos e alunas presentes na escola também colabora para reforçar a percepção de que em nossa sociedade determinado grupo é mais valorizado.

Certas lendas e contos tradicionais omitem a trajetória de luta do povo negro e servem mais para constranger a criança negra perante as outras do que para promover a aceitação e o respeito à diversidade. O contato com material pedagógico displicente com a diversidade racial colabora para estruturar em todos os alunos uma falsa ideia de superioridade racial branca e de inferioridade negra.

Assim, elementos sobre a diversidade racial são apresentados aos estudantes de forma preconceituosa. Ou, então, não é feita qualquer menção à variedade cultural do Brasil, o que facilita um entendimento equivocado da sociedade brasileira.

A MATEMÁTICA DO AFETO

É fundamental dar e receber carícias pela simples existência, que não indicam certo ou errado.
Assim como...
Eu amo você.
Filho, que maravilhoso ser seu pai!

Toques físicos de carinho ou aconchego.
Olhar de aceitação.
Carícias incondicionais.
Toques que as pessoas dão e recebem por
serem tudo o que são...
Roberto Shinyashiki

A opinião que a criança tem de si mesma está intimamente relacionada com sua capacidade de aprender e com seu rendimento. Podemos dizer que a energia que ela utiliza para adquirir conhecimento é a mesma que usa para resolver seus conflitos.

Nesse sentido, como fica o desenvolvimento da criança que sofre racismo, que passa por constrangimentos, ofensas verbais, rejeição? Como fica o desenvolvimento da criança diante de um cotidiano que lhe é hostil?

Sabemos que o autoconceito dos seres humanos vai se formar desde muito cedo, por meio de seu relacionamento com o mundo e com outras pessoas. As opiniões dirigidas a partir de uma perspectiva negativa terão forte influência na formação de uma imagem distorcida de seu valor.

Uma pessoa ignorada, maltratada e "descuidada" pode perder o referencial de si mesma, reconhecendo seu fracasso. Pode também se tornar extremamente exigente consigo mesma, não se permitindo falhar nem errar em qualquer situação.

Todos os seres humanos necessitam de afetividade. Todavia, para crianças e adolescentes, isso é imprescindível no processo de aprendizagem. Se durante a formação houver negligência quanto ao afeto, provavelmente na vida adulta haverá dificuldade de relacionamento social.

Realizar uma educação antirracista é transformar o cotidiano escolar, fazendo, impreterivelmente, uma reflexão profunda sobre o que sentimos e como agimos diante da diversidade. Só o conhecimento de nossos sentimentos e a elaboração de formas de lidar com a diversidade possibilitarão uma distribuição igualitária dos afetos e estímulos no espaço escolar. Ou seja, precisamos providenciar um cotidiano acolhedor para todas as crianças e adolescentes presentes na escola, atentando para as especificidades dos que pertencem aos grupos discriminados.

Devemos construir um cotidiano escolar que dê espaço para a participação positiva da criança e do adolescente negros, o que auxiliará na sua integração e no seu desenvolvimento. E, paralelamente, levará a todos os presentes na escola a vivenciar um tratamento pautado na igualdade e na solidariedade.

Uma criança que presencia diariamente a igualdade de tratamento tende a reproduzir essa mesma igualdade nas demais relações que estabelece.

TRANSFORMANDO A ESCOLA: A GEOGRAFIA DA EDUCAÇÃO ANTIRRACISTA

> *A pátria não subsiste sem liberdade, nem a liberdade sem a virtude, nem a virtude sem cidadãos* [...] *ora, formar cidadãos não é questão de dias; e para tê-los adultos é preciso educá-los desde crianças.*
>
> Jean-Jacques Rousseau

O espaço escolar é o local no qual convivem todos os agentes da educação. A maneira como está organizado reflete as imagens e as ideias que temos de sociedade. Nesse ambiente, as condições do banheiro, das paredes, as imagens e informações distribuídas imprimem sensações e valores naqueles que por ali transitam. Logo, deve ser aconchegante e bem cuidado.

Os educadores devem ter atitudes que facilitem a permanência e a participação da criança na escola. Para promovermos essa relação saudável no espaço escolar e assim garantirmos uma educação antirracista, precisamos, entre outras coisas, observar constantemente alguns aspectos das relações interpessoais estabelecidas no cotidiano escolar.

Na relação estabelecida entre professores e professoras, alunos e alunas, devemos nos ater, de início, ao aspecto verbal. Muito do que a criança aprende é transmitido pela linguagem verbal. Assim, devemos prestar atenção no que falamos — direta ou indiretamente — a respeito dos que estão presentes, bem como sobre a diversidade racial da sociedade.

É necessário entender que a criança negra não é "moreninha", nem "marronzinha", nem "pretinha". Quando a criança reclama que não quer ser negra, ela está nos dizendo que não quer o tratamento costumeiramente dado às pessoas pertencentes a esse grupo racial. O que ela não quer é ser ironizada, receber apelidos, ser excluída das brincadeiras... Assim, melhor do que chamá-la de "moreninha" para disfarçar a sua negritude é cuidar para que ela receba atenção, carinho e estímulo para elaborar sua identidade racial de modo positivo.

Precisamos *realizar falas explícitas* direcionadas às crianças e aos adolescentes negros, que devem conter elogios por sua inteligência, seu desenvolvimento, sua estética ou seu comportamento. Devemos garantir que as crianças e os adolescentes de grupos discriminados também recebam estímulos, sempre pronunciados de maneira clara e direta. As *falas diretas* positivas a respeito da família, da cultura ou do grupo racial ao qual pertence a criança também contribuem para provocar nela um sentimento de pertencer ao cotidiano escolar.

Sabendo que o reconhecimento do que somos também se dá mediante o que os outros pensam sobre nós, podemos dizer que a criança está recebendo material para construir o seu autoconceito e fortalecer o seu amor-próprio. Daí a importância de elogiá-la e incentivá-la, fazendo-a perceber que tem o direito de sentir que é "importante" e respeitada. Se o que foi dito não for verdadeiro, a prática não verbal deixará transparecer, e isso será percebido pela criança.

Como já foi dito, a expressão não verbal é rica e deve ser utilizada para estimular a participação das crianças, evidenciando sua aceitação no espaço escolar. Podemos usá-la para *nos aproximar* de nossos alunos, permitindo o contato físico. Abraços, beijos, afetos, olhares e demais comportamentos que demonstrem afeição devem ser dirigidos também para crianças e adolescentes negros. Essas atitudes e comportamentos sinalizarão que aceitamos nos relacionar com todos. A prática pedagógica desenvolvida no dia a dia constitui um artefato de grande valor para mostrar o nosso respeito aos alunos e às alunas.

Na educação antirracista, o reconhecimento positivo da diversidade racial, bem como a preocupação com as desigualdades na sociedade brasileira, necessariamente impele professores e professoras a escolher material didático e de apoio que contemple nossa diversidade racial.

Isso estimula a busca de material pedagógico alternativo que auxilie a explicitação e a reflexão sobre a questão racial. Assim, é apresentado aos alunos material sobre a variedade dos grupos raciais com a utilização de cartazes, livros, revistas, desenhos, filmes, músicas, fotos etc.

Uma educação antirracista prevê necessariamente um cotidiano escolar que respeite as diferenças raciais não apenas no discurso, mas também na prática. É indispensável, para a sua realização, criar condições que possibilitem a convivência positiva entre todos.

Diante de toda e qualquer reclamação de ocorrência de discriminação e preconceito no espaço escolar, deve-se promover reflexão e ação. As vítimas e os protagonistas dessas situações não são culpados por tais acontecimentos, visto que são resultantes das relações em nossa sociedade. Quem ofendeu, ironizou ou discriminou o outro indivíduo precisa ser levado a entender a sua atitude como negativa. É imperativa a interferência dos educadores.

Professores e professoras que realizam educação antirracista têm como meta levar para o espaço escolar o debate sobre as desigualdades na sociedade. Discutem os problemas sociais e as diferentes proporções em que atingem os diversos grupos raciais, mostrando as vantagens e as desvantagens de pertencer a determinado grupo racial.

CARACTERÍSTICAS DE UMA EDUCAÇÃO ANTIRRACISTA

1. Reconhece a existência do problema racial na sociedade brasileira.
2. Busca permanentemente uma reflexão sobre o racismo e seus derivados no cotidiano escolar.

3. Repudia qualquer atitude preconceituosa e discriminatória na sociedade e no espaço escolar, e cuida para que as relações interpessoais entre adultos e crianças, negros e brancos sejam respeitosas.
4. Não despreza a diversidade presente no ambiente escolar: utiliza-a para promover a igualdade, encorajando a participação de todos os alunos e alunas.
5. Ensina às crianças e aos adolescentes uma história crítica sobre os diferentes grupos que constituem a história brasileira.
6. Busca materiais que contribuam para a eliminação do eurocentrismo dos currículos escolares e contemplem a diversidade racial, bem como o estudo de assuntos negros.
7. Pensa meios e formas de educar para o reconhecimento positivo da diversidade racial.
8. Elabora ações que possibilitem o fortalecimento do autoconceito de alunos e alunas pertencentes a grupos discriminados.

COMPROMISSO: UM FATOR INDISPENSÁVEL

Se desejamos ver constituída no Brasil uma democracia em que seja possível a todo cidadão usufruir satisfatoriamente da estrutura do bem-estar social, necessitamos garantir a conquista da cidadania a todos.

Se sabemos que ofensas verbais, rejeição e constrangimentos são prejudiciais para o desenvolvimento de toda criança, precisamos nos esforçar permanentemente para promover uma educação antirracista.

Uma sociedade democrática não é possível se não nos comprometermos a banir do cotidiano escolar todas as atitudes e comportamentos que protegem, disseminam e mantêm relações hierárquicas entre os seres humanos.

Não é tarefa fácil, visto que, em muitas situações, teremos de lutar contra a história oficial, os meios de comunicação, a educação familiar e religiosa. Precisamos estar bem atentos para não difundirmos visões estereotipadas e preconceituosas não só em relação às pessoas negras, mas também aos demais grupos socialmente discriminados. É imprescindível a realização de um trabalho preventivo e educativo. Vontade e um posicionamento claro diante dos desafios fazem diferença.

> [...] O compromisso, próprio da existência humana, só existe no engajamento com a realidade, de cujas "águas" os homens verdadeiramente comprometidos ficam "molhados", ensopados. Somente assim o compromisso é verdadeiro. Ao experienciá-lo, num ato que necessariamente é corajoso, decidido e consciente, os homens já não se dizem neutros. A neutralidade frente ao mundo, frente ao histórico, frente aos valores, reflete apenas o medo que se tem de revelar o compromisso. Este medo quase sempre resulta de um "compromisso" contra os homens, contra sua humanização, por parte dos que se dizem neutros. Estão "comprometidos" consigo mesmos, com seus interesses ou com os interesses dos grupos aos quais pertencem. E como este não é um compromisso verdadeiro, assumem a neutralidade impossível. (Freire, 1979, p. 19)

Para reverter o sofrimento de crianças e adolescentes negros, é necessária e urgente elaborar alternativas pedagógicas que concorram para incluí-los e mantê-los no sistema formal de ensino, garantindo o direito constitucional à educação plena, pública e de qualidade.

O racismo cultivado por séculos requer programas que visem combatê-lo nas escolas, com o objetivo de eliminar preconceitos, corrigir as desigualdades e formar cidadãos livres.

Não se trata de uma guerra entre negros e brancos. Em meu trabalho, o que desejo é fundamentalmente um diálogo com professores e professoras em busca de um mundo melhor.

REFERÊNCIAS

BERND, Zilá. *Racismo e antirracismo.* São Paulo: Moderna, 1994.

BOTELHO, Denise. *Aya nini (Coragem) — Educadores e educadoras no enfrentamento de práticas racistas em espaços escolares.* Dissertação (mestrado em Educação) — Universidade de São Paulo, Programa de Pós-graduação em Integração da América Latina, São Paulo e Havana, 2000.

DIEESE. *Mapa da população negra no mercado de trabalho.* São Paulo: Inspir/Dieese, 1999.

FREIRE, Paulo. *Educação e mudança.* 17. ed. Rio de Janeiro: Paz e Terra, 1979.

______. *Pedagogia do oprimido.* 29. ed. Rio de Janeiro: Paz e Terra, 1987.

GODOY, Eliete de. *Representação étnica por crianças pré-escolares — Um estudo de caso à luz da teoria piagetiana.* Dissertação (mestrado em Educação) — Universidade Estadual de Campinas, Campinas, 1996.

IBGE. *Síntese de indicadores sociais — Uma análise das condições de vida da população brasileira*. Rio de Janeiro: IBGE, 2017. Disponível em: https://biblioteca.ibge.gov.br/visualizacao/livros/liv101459.pdf. Acesso em: 19 mar. 2024.

LEE, Enid. "Taking multicultural, anti-racist education seriously". In: BIGELOW, Bill et al. (orgs.). *Rethinking our classrooms — Teaching for equity and justice*. Milwaukee: Rethinking Schools, 1999. v. 1.

OLIVEIRA, Eliana. *Relações raciais nas creches do município de São Paulo*. Dissertação (mestrado em Educação) — Pontifícia Universidade Católica, São Paulo, 1994.

OLIVEIRA, Raquel. *Relações raciais na escola — Uma experiência de intervenção*. Dissertação (mestrado em Educação) — Pontifícia Universidade Católica, São Paulo, 1992.

SODRÉ, Muniz. "Cultura, diversidade cultural e educação". In: TRINDADE, Azoilda Loretto da; SANTOS, Rafael dos (orgs.). *Multiculturalismo — Mil e uma faces da escola*. Rio de Janeiro: DP&A, 2000.

7. Negritude, letramento e uso da oralidade

Ana Lucia Silva e Souza

No fundo, a palavra autêntica, a palavra verdadeira é a palavra dita. A palavra escrita é apenas uma coisinha morta que está ali, à espera de que a ressuscitem. E é no dizer da palavra que a palavra é efetivamente palavra.
José Saramago

Ao pegar emprestada a força das palavras de Saramago, chamo a atenção para as maneiras como a palavra oral é usada no espaço escolar. Espaço esse que, (in)visivelmente, ainda ajuda a sustentar o discurso mitificado da democracia racial, pouco favorecendo o desenvolvimento da autoestima de sujeitos negros.

A intenção deste artigo é destacar que o uso da palavra, sobretudo na forma oral, pode e deve ser pensado como um instrumento que possibilite à criança e ao jovem, especialmente o negro, enxergar o outro e a si mesmo como produtor e reprodutor de cultura, valores e saberes.

O assunto em pauta impõe-se para um Brasil que muito tem discutido sobre a necessidade de a escola refletir sobre as novas configurações sociais e culturais que dão sinais de vida fora dos muros escolares. Entre outros acontecimentos, os Parâmetros Curriculares Nacionais (PCN), referendando experiências e pesquisas de vários educadores, chegam a grande parte dos estabelecimentos de ensino fundamental e médio, recomendando que as práticas de ensino e de aprendizado tenham relações mais estreitas com as questões cotidianas.

Diante desse desafio, quando o sistema educacional esboça vontade política de se aproximar mais da realidade dos alunos de carne e osso, torna-se flagrante a exigência de que os educadores repensem as formas de lidar com as várias áreas do conhecimento e com questões ligadas a ética, cidadania, pluralidade cultural e diversidade racial — os denominados temas transversais, assuntos muitas vezes tratados caoticamente, cumprindo papel inverso ao anunciado.

Tratemos, pois, da diversidade racial e do uso social da oralidade. Comecemos destacando como o professor, ao atribuir a devida importância à voz de um aluno que se sente discriminado, pode favorecer a competência deste em relação ao uso da palavra oral e escrita. Nesses casos, tanto o aluno negro como o não negro ganham a oportunidade de, literalmente, tomar a palavra como algo vivo, ressuscitá-la para o questionamento e a problematização tão necessários para a vida em sociedade.

Com o intuito de realizar um trabalho responsável e consequente, torna-se fundamental esmiuçar o fazer pedagógico e os temas, debruçar-se sobre as partes e pensar ações contínuas. Esse movimento é a chave para sustentar qualquer intenção de combater o problema da desigualdade social, melhorar a qualidade de ensino e contribuir com a formação de cidadãos conscientes e críticos.

Na sequência, mediante uma cena cotidiana, o leitor será convidado a *olhar com os olhos de ver* situações nas quais o uso da fala é desencorajado e os argumentos utilizados para isso em nada contribuem para explicitar e questionar atitudes racistas e preconceituosas. Ao final, este capítulo aponta alternativas para encarar com firmeza um assunto tão sério como o da diversidade racial, reafirmando as relações entre a palavra escrita e a falada — que, vividas de maneiras particulares, marcam a história dos indivíduos.

O USO SOCIAL DA ORALIDADE COMO TEMA

Para que serve a oralidade? Quais são seus usos mais frequentes dentro e fora da escola? Estudos recentes preocupam-se com a necessidade de responder a essas perguntas e, para isso, mobilizam diversos conceitos, entre eles o de letramento. Esse conceito, surgido na década de 1980, começa a ser cada vez mais discutido em espaços escolares, à medida que as transformações sociais, econômicas e culturais obrigam a sociedade a buscar novos ângulos para enxergar praticamente as mesmas questões.

Letramento é aqui entendido como o conjunto das práticas e dos usos sociais que envolvem tanto a leitura como a oralidade realizados pelos sujeitos em distintos contextos socioculturais. Nesse caso, ser letrado significa, além de ter conhecimentos básicos em relação à língua e ao seu funcionamento, ser capaz de articular essas informações, atribuindo-lhes valores. Tal domínio serviria para detectar e enfrentar solicitações e situações de maneira consciente e crítica, bem como para intervir e propor modificações no meio em que se vive.

Nessa perspectiva de análise, faz-se necessário identificar os aspectos sociais, históricos e culturais que influenciam o manejo da escrita, da leitura e da oralidade, considerando as diferentes instâncias em que ocorrem. Falamos de regimes de trabalho do século 18 ou do 21? Falamos da área rural ou da urbana? Com ou sem acesso aos bens culturais e sociais? De uma sociedade mais ou menos democrática? Ou, ainda, de uma sociedade complexa, que congrega e abriga todas as variáveis antes citadas?

Dessa maneira, só é possível falar de letramento considerando que o meio social pelo qual o indivíduo circula determina, em grande parte, as relações e os sentidos por ele atribuídos a escrita, leitura e oralidade. Isso significa dizer que as práticas de letramento variam, e muito, uma vez que serão mobilizadas por diferentes pessoas para resolver situações distintas.

Mais que saber falar, ler e escrever, importa saber, como define Soares (1998), "o que as pessoas fazem com as habilidades de leitura e de escrita, em um contexto específico, e como essas habilidades se relacionam com as necessidades, valores e práticas sociais". Ou seja, letramento refere-se à apropriação de conhecimentos e às formas de manejá-los nas diferentes situações.

É necessário frisar que o letramento é concebido como um processo, que não começa nem termina na escola. Portanto, obter informações a respeito do aluno é fundamental para que o educador possa, entre outras coisas, conhecer as necessidades, os desejos, os desafios deste e perceber as diferentes possibilidades de uso da linguagem, escrita ou oral.

Finalizando, trabalhar na perspectiva do letramento significa abandonar o olhar ingênuo e despolitizado, compreendendo que o aluno é um sujeito social, inserido num tempo e num espaço marcados pelos códigos e valores da sociedade em que vive. Significa, também, descortinar as relações de poder que marcam as relações, compreendendo que cada sujeito, como membro de um grupo — em situações que vão de um simples bate-papo a uma conferência, de uma carta pessoal a um artigo —, produz um discurso, que terá diferente validade para o ouvinte, em grande parte devido à autoridade e ao poder impregnados na voz do falante. Quem fala? Qual é sua história? Como fala? Por que fala? Onde fala? Como sustenta suas ideias? O mesmo raciocínio estende-se para a leitura e a escrita.

É preciso ressaltar que, quando se trata de uma sociedade excludente como a nossa, o acesso aos canais de letramento, principalmente os formais, é, ao mesmo tempo, condição para a inserção social e privilégio de poucos indivíduos. Tal constatação evidencia ainda mais a contradição que marca esse processo. Diante disso, vale indagar até que ponto a escola tem respondido a essa questão, desenvolvendo práticas e estratégias pedagógicas que contribuam para a formação de sujeitos falantes e atuantes.

UMA CENA: UMA QUESTÃO, SUAS ALTERNATIVAS E ALGUNS DESDOBRAMENTOS

Uma sala de aula, localizada em qualquer lugar do Brasil. Esta, por acaso, fica em alguma região da periferia da Grande São Paulo e é frequentada por crianças e adolescentes, possivelmente de baixa renda.

Em determinado momento de uma das aulas, que poderia ser de qualquer disciplina, um educando negro aproxima-se do professor e, em tom de reclamação, diz:

— Professor, o fulano me xingou de negro!

O professor, olhando para o garoto, responde:

— ( )

UMA QUESTÃO, SUAS ALTERNATIVAS

O que o professor poderia responder ao garoto?

Vamos lembrar um conhecido exercício escolar.

Assinale abaixo a(s) alternativa(s) que poderia(m) dar sequência à cena anterior:

1. ( ) Pare de chorar, não ligue, ele é bobo!
2. ( ) Não dê importância a isso, somos todos iguais!
3. ( ) Diga que o sangue de todos é da mesma cor!
4. ( ) Esqueça isso, Deus criou a todos nós, somos irmãos!
5. ( ) Deixe de besteira e volte para o seu lugar!
6. ( ) Xingue ele também!
7. ( ) Conte-me um pouco mais sobre isso.

Procure continuar a leitura apenas depois de fazer a sua escolha. Justifique-a, ainda que mentalmente.

ALGUNS DESDOBRAMENTOS

Nosso objetivo é discutir as maneiras de usar, ensinar e aprender a oralidade dentro da sala de aula. Assim, cada uma dessas alternativas será brevemente comentada.

1. Pare de chorar, não ligue, ele é bobo!

Essa alternativa, bastante usada, está longe de ser adequada. Ainda que aparente certo acolhimento do aluno por parte do professor, deixa de elucidar elementos envolvidos na cena. Tal procedimento não apenas dificulta a leitura de outros discursos presentes no cotidiano como também dificulta o exercício de buscar e organizar argumentos suficientes para lidar com tais situações.

Além disso, o professor, por não problematizar a queixa nem encaminhá-la para o lugar da resignação, desfavorece o uso da oralidade e prepara uma armadilha: a tendência de o sujeito silenciar ao entender que a sua questão é irrelevante.

2. Não dê importância a isso, somos todos iguais!

Essa alternativa explicita que todos somos seres humanos e nos diferenciamos dos animais irracionais justamente pela nossa capacidade de acionar a razão para transformar a natureza à nossa volta. Uma vez que a queixa foi deslocada para o campo biológico, cabe perguntar: de que ponto de vista a igualdade está sendo abordada? Sem discorrer sobre as várias teorias, a afirmação de que somos todos iguais, o que a princípio é uma verdade, pode ser contestada, sobretudo diante das recentes descobertas científicas, advindas de projetos como o Genoma.

Sem muita dificuldade, verifica-se que essa solução não é a mais indicada para responder à queixa, pois traz o risco de encerrar a questão sem discuti-la, o que não incentiva a autonomia do sujeito em relação ao uso da fala. Como não se importar com uma violência sofrida?

3. Diga que o sangue de todos é da mesma cor!

A menos que se considere a suposta existência do sangue azul da nobreza, a afirmação de que todo sangue é vermelho é incontestável. Assim, essa saída engessa qualquer possibilidade de argumentação e desloca a queixa, mais uma vez, para outra direção, distante da problemática da discriminação e do preconceito raciais. Após ter a fala descredenciada, o aluno retorna para a carteira sem mais nada para discutir.

Para mudar esse jogo perverso e estimular reflexões acerca das diferenças raciais, são necessárias a coragem e a competência. Não, não somos iguais. Nem na cor da pele, nem no tamanho e formato do rosto ou na composição dos fios do cabelo — a indústria cosmética já descobriu e nos diz isso a todo instante, sempre com novos lançamentos de produtos.

Não, não somos iguais. Dadas a história de vida, as condições de classe, as questões culturais. Será que tais aspectos se caracterizam como novidade para algum professor?

Tanto a alternativa anterior quanto esta podem e devem seguir outro rumo: o do questionamento. A mesma observação é válida para a próxima alternativa.

4. Esqueça isso, Deus criou a todos nós, somos irmãos!

Essa pode ser uma opção escolhida pelo professor. E, do ponto de vista da doutrina cristã, é correta, ainda que também não tão simples como aparenta. Porém, caso seja o caminho escolhido, pode constituir excelente oportunidade para debater sobre outras crenças, valores, religiões e costumes presentes nas sociedades, deslocando-as do campo restrito ao folclore.

5. Deixe de besteira e volte para o seu lugar!

Seria quase improvável que um educador, em sã consciência, assinalasse tal resposta. Como justificá-la? No entanto, no dia a dia, em uma sala de aula, em meio a tantos alunos, currículos e planejamentos... A grande questão é que o garoto traz a queixa, a denúncia de uma discriminação, de uma atitude racista, e espera que o professor lhe oriente sobre como agir. Como resposta, em nenhuma das alternativas aqui apresentadas aparece o uso da argumentação, o incentivo ao uso da escrita, a solicitação de uma pesquisa para conhecer a questão ou o debate entre os envolvidos.

Obviamente, esse tipo de atitude contraria qualquer expectativa do aluno, pois ninguém procura outro para ficar sem resposta. Inclusive, muitas vezes o próprio aluno já tem a resposta — seja por orientação de familiares, seja de outros grupos —, mas ele busca na figura do professor um aliado para ampliar a sua capacidade de articulação.

6. Xingue ele também!

Esta orientação, ainda que possa ocorrer, mostra-se inadequada para instigar a reflexão e a argumentação, sugerindo apenas a *troca de chumbo*. E chumbo trocado, além de doer, pouco ou nada resolve. O atual contexto da sociedade brasileira não precisa de atitudes puramente revanchistas que comprometam ainda mais a convivência entre os diferentes.

Com isso, podemos encerrar um bloco no qual todas as alternativas, se não encorajam abertamente atitudes inadequadas, tampouco incentivam a tomada de consciência de que, nesse contexto, a palavra tem a função de trazer o sujeito falante à tona, tratando e enfrentando a questão da pluralidade cultural e da diversidade racial.

Mais do que isso, todas as soluções desperdiçam oportunidades de enxergar a oralidade como uma prática social, tanto por parte do aluno como por parte do professor.

A partir daqui, apontarei outro caminho para que as diferenças sejam explicadas sem que sejam motivo de segregação, de rebaixamentos ou de exclusão.

Tais reflexões são fruto de muitos trabalhos — projetos, cursos e oficinas —, todos voltados para pensar os domínios e os usos da linguagem como fundamentais para o permanente exercício da cidadania.

7. Conte-me um pouco mais sobre isso.

Chamar o sujeito para contar sobre o ocorrido é acolhê-lo e demonstrar disposição para ouvir. Nada mais confortável do que perceber alguém *todo ouvidos*, que atribui importância à sua fala. Nesse espaço de troca de ideias, devem surgir elementos que ajudem a conhecer a história de vida do aluno, talvez até então desconhecida. Após esse primeiro momento, um caminho possível seria chamar a outra pessoa envolvida na cena, contextualizar o ocorrido e ampliar o foco da discussão.

O momento de conversa — por meio do *como*, o quê, *com quem*, *quando e por quê* — é ingrediente básico em qualquer processo de ensino e aprendizado. Num exercício conjunto de reflexão, é possível observar, colher e recuperar dados, analisar intenções por trás das palavras ditas, muitas vezes pautadas apenas no senso comum.

Essa troca de ideias ajuda a enfrentar melhor as circunstâncias em que ocorrem manifestações de discriminação, pois todos os envolvidos têm a chance de aprender que a fala é também um canal para descortinar posicionamentos ideológicos, em vez de continuar acionando justificativas piegas, chavões e clichês imediatistas ou demasiadamente românticos.

Como um dos papéis atribuídos à escola é ensinar, que *ensine a aprender* a usar a oralidade, entendendo-a como preciosa moeda de negociação no intrincado jogo das relações sociais no qual estamos inseridos e no qual devemos e podemos intervir.

Entretanto, para que o professor faça das situações cotidianas ambiente propício para o desenvolvimento de letramento, é indispensável mais do que boa vontade. É necessário que ele assuma um compromisso político com o seu tempo social e histórico para atender aos imperativos da profissão e aos de ser pai, mãe, filho, filha, cidadão, cidadã. É necessário também que entenda a si mesmo como um sujeito que, para ensinar, precisa se dispor a conhecer assuntos pouco discutidos, como o disfarçado racismo brasileiro, "objeto de segredo e tabu, submetido ao silêncio, um silêncio criminoso" (Munanga, 1996, p. 213).

Isso ocorre também na escola, lugar no qual dificilmente se discute sobre religião, futebol e política. Os preconceitos, não apenas os raciais, são negados, abafados e, o que é muitíssimo mais grave, "são transformados em armas ideológicas para legitimar e justificar a exterminação, a exploração e a exclusão de segmentos importantes da sociedade" (Munanga, 1996, p. 213-14).

AS EXIGÊNCIAS DO COMPROMISSO

A escolha dessa última alternativa exige arte e empenho por parte de quem a elege. Exige reconhecer que assumi-la não significa a simples eliminação de todas as alternativas anteriores. Muito pelo contrário: requer voltar-se criticamente para cada uma delas e apreender por que, até que ponto, quando e, sobretudo, como desmobilizá-las. E, nesse sentido, a busca de informações se mostra um componente essencial da arte e do empenho de ensinar e aprender.

Voltemos a uma das questões anteriormente comentadas: *não dê importância para isso, somos todos iguais!*

Para explorar essa afirmativa, é condição *sine qua non* dedicar-se a revisitar conceitos fundamentais em diferentes áreas do conhecimento. O domínio das muitas variáveis que podem estar presentes numa única questão favorece ações mais consistentes. E representa um dos caminhos para repensar planejamentos e conferir maior espaço para assuntos tidos como polêmicos e, por isso mesmo, muitas vezes relegados.

O exercício será bem mais interessante se o professor o fizer com seus alunos, mostrando inclusive suas descobertas. A complexidade que reveste essa alternativa, num bom começo de conversa, pode questionar a afirmação de que todos somos iguais, discutindo o conceito de cidadania. Do ponto de vista puramente jurídico, uma de suas dimensões de análise, pode ser que, num primeiro momento, a noção de igualdade apareça como uma verdade. Mesmo assim, o professor precisa de mais conhecimentos, pois fatalmente alguém dirá: "Ih! Que lei, que nada! Isso aqui no Brasil não funciona".

Com o intuito de convidar a refletir para além do chavão de que cidadania se resume a *direitos e deveres*, como muito se diz e se ouve em sala de aula, ressaltamos que o conhecimento do processo de construção e afirmação dos direitos — em todos os níveis — é condição básica para a busca do acesso aos diversos serviços e bens socialmente produzidos.

Isso se faz de maneira ativa, observando e analisando a realidade, e também por meio de reivindicações, para as quais o uso da oralidade e da escrita é prática importante, principalmente para aprender a manipular documentos legais, tais como códigos, leis e decretos, suas intenções e fins. Esses materiais escritos, pouco inseridos no cotidiano, podem ensinar e imprimir modos de usar a linguagem.

Aqui não é qualquer palavra, mas a palavra carregada de sentido, usada para entender e mostrar por que, mesmo na igualdade jurídica, somos diferentes. E ainda mais: que justamente por isso devemos brigar pela igualdade, com a consciência de que essa é uma construção social e política que não está livre de conflitos e contradições. O domínio da oralidade letrada pode significar, para muitos, poder afirmar-se como sujeito e cidadão.

Esses modos de usar a linguagem, prerrogativa de poucos neste país, variam de grupo para grupo e serão tanto mais franqueados para os que puderem levantar a voz — certos de seus valores e de suas capacidades — e, além disso, souberem buscar e articular os argumentos necessários para validar suas ideias.

O processo de letramento, longe de ser um passe de mágica, se ensina e se aprende, num processo contínuo e permanente presente em várias instituições sociais. Ocorre desde o nascimento, passando por um núcleo familiar, pelo espaço religioso, pela escola, pelo contato com amigos, com colegas de trabalho, por atividades em movimentos sociais etc. Cada um desses espaços influencia o processo de letramento do sujeito, exigindo a todo momento diferentes usos para a linguagem, sobretudo a oral.

De todas as instituições citadas, a escola mostra-se um dos locais privilegiados para viver a oralidade, a escrita e a leitura como instrumentos que ajudam a entender as mais diversas situações e o mundo. Quanto mais lemos, falamos, trocamos ideias e registramos nossos pensamentos, mais temos condições de entender a nossa história de vida e de pensar sobre nós mesmos e o outro.

O conhecimento só será aplicado se houver um sujeito para fazê-lo; retomando Saramago, é a palavra escrita lida, dita e ressuscitada.

SUGESTÕES PARA PRÁTICAS COM EMPENHO E ARTE

Toda escola e todo professor sabem que é preciso incentivar o respeito às diferenças, de forma que os conhecimentos que circulam dentro e fora do ambiente escolar possam ser criticados, ampliando-se a capacidade de reflexão a esse respeito.

Devemos refletir sobre os nossos posicionamentos. Será que não repetimos há muito tempo um discurso viciado, sem fundamento, que compactua com um cenário no qual cada vez mais as palavras têm sido bastante usadas, mas pouco mobilizadas para a ação?

Independentemente da área de atuação, o professor pode, entre outras atitudes, analisar no PCN de Língua Portuguesa de ensino fundamental a afirmação de que a capacidade de expressão oral "depende consideravelmente de a escola constituir-se num ambiente que respeite e acolha a vez e a voz, a diferença e a diversidade" (PCN, 1998, p. 49) e também a de que a escola deve atentar para o ensino dos usos da língua em diferentes situações comunicativas.

Ao falar sobre o tratamento didático dos conteúdos de língua portuguesa, os PCN marcam o vínculo entre a oralidade e a leitura e propõem o uso da língua para o aprendizado, por meio de pesquisa de materiais escritos capazes de ajudar a organizar argumentos que sustentem interpretações.

O documento segue destacando o papel do professor como o mediador que incentiva a

> desenvolver procedimentos e atitudes que contribuam para o convívio no espaço público: saber escutar ativamente o que o outro diz, respeitando tanto a sua forma de falar quanto a sua opinião; utilizar uma forma de falar que lhe permita discordar do outro sem ofendê-lo; saber selecionar argumentos coerentes para poder discordar; saber compreender o que ouve podendo perceber a intenção de quem fala; ter flexibilidade para mudar de opinião quando necessário; compartilhar conhecimentos adquiridos em diferentes situações. (PCN, 1998, p. 107)

Assim, as práticas educativas precisam garantir, entre outros pontos, que o aluno seja capaz de

> utilizar a linguagem oral com eficácia, começando a adequá-la a intenções e situações comunicativas que requeiram o domínio de registros formais, o planejamento prévio do discurso, a coerência na defesa de pontos de vista e na apresentação de argumentos, o uso de procedimentos de negociação de acordos necessários ou possíveis. (PCN, 1998, p. 107)

Por óbvio, essas recomendações estendem-se para todos os professores, independentemente da disciplina que lecionam. Proponho que o professor continue o exercício e volte à cena aqui apresentada, bem como a cada uma das alternativas. E que, em seu cotidiano:

1. Olhe muito bem para o movimento da sala e para outras tantas situações à sua volta, tornando-as riquíssimas oportunidades para ensinar e para aprender.
2. Ainda que tenha acesso a recursos pedagógicos, dos mais elementares aos mais sofisticados, busque potencializar o uso da oralidade letrada, estabelecendo vínculos com a linguagem escrita.

3. Valorize as informações que fazem parte da cultura de cada grupo, dispondo-se a colher depoimentos pessoais. Ancorando-se no acervo da memória da sala de aula, o professor promove o uso da linguagem numa situação significativa.
4. Discuta com maior profundidade temas complexos como a discriminação racial, incentivando a revisão de pensamentos cristalizados que, já incorporados, são reproduzidos como se fossem coerentes e justificáveis.
5. Faça dos espaços institucionalizados, como a reunião com os responsáveis pelos alunos, um espaço de troca de ideias, mapeando o surgimento de certos termos, exibindo vídeos curtos, materiais escritos, debatendo situações problemáticas que suscitem resoluções, comparações e extrapolações. Atitudes simples, porém bem preparadas, produzem bons efeitos.
6. Insista no trabalho comprometido em preparar o aluno para a vida além da escola, com a consciência de que fora dela a competência de saber argumentar é muito importante.

Seria pouco afirmar que a questão do poder passa pela questão da linguagem, pois o sujeito não apenas é constituído por ela como também a constitui ao falar de si para o mundo, uma vez que é a convivência que estabelece referências que permitem tecer e destecer os fios das redes sociais, em permanente construção.

Por isso, tem havido uma preocupação cada vez maior em conhecer e valorizar a oralidade como possibilidade de expressão, de valores e de aspirações muitas vezes vividas de maneira particular pelos indivíduos.

Para que esses objetivos sejam alcançados, a escola precisa ser pensada e vivida não como um lugar de ruptura — agora eu vou aprender a ler, a escrever e a falar certo —, mas como um lugar que, além de ensinar a norma padrão da língua escrita e falada, proporciona situações para que os sujeitos movimentem esse conhecimento a fim de analisar e criticar seu meio social, interferindo nele.

VARIÁVEIS DE UMA QUASE MESMA CENA

Sem perder de vista a dinâmica própria da sociedade, deve-se reconhecer que a cena apresentada como mote para as discussões deste artigo é uma das várias que acontecem. Todas precisam ser motivo de análises em relação às pertinências, impertinências e implicações, extrapolando o debate para outros âmbitos, escolares ou não. É fundamental refletir sobre o que ocorre em outros espaços para que a criança e o adolescente "reinventem tradições", redescubram sua cultura, muitas vezes oculta em meio a tantas situações desfavoráveis ao fortalecimento da autoestima.

As soluções podem ser as mais criativas, desde que não se perca de vista que uma sociedade que se diz democrática deve possibilitar, de fato, o exercício da cidadania em todos os seus aspectos.

Reafirmamos que o domínio e o uso social da linguagem são determinantes para estruturar as relações sociais que se constroem no cotidiano. É por meio da fala, e também da escrita, que deixamos nossas marcas, que recuperamos e produzimos história.

REFERÊNCIAS

AMMA — PSIQUE; NEGRITUDE — QUILOMBHOJE. *Gostando mais de nós mesmos — Perguntas e respostas sobre a autoestima e questão racial.* São Paulo: Gente, 1999.

BRASIL. Secretaria de Educação Fundamental. *Parâmetros curriculares nacionais — Primeiro e segundo ciclos do ensino fundamental.* Brasília, MEC/SEF, 1997. 10 v.

BRASIL. Secretaria de Educação Fundamental. *Parâmetros curriculares nacionais — Terceiro e quarto ciclos do ensino fundamental.* Brasília, MEC/SEF, 1998. 10 v.

GNERRE, Maurizio. *Linguagem, escrita e poder.* São Paulo: Martins Fontes, 1991.

KLEIMAN, Angela B. "Modelos de letramento e práticas de alfabetização na escola". In: KLEIMAN, Angela B. (org.). *Os significados do letramento — Uma nova perspectiva sobre a prática social da escrita.* Campinas: Mercado de Letras, 1995.

MUNANGA, Kabengele. "As facetas de um racismo silenciado". In: SCHWARCZ, Lilia Moritz; QUEIROZ, Renato da Silva (org.). *Raça e diversidade.* São Paulo: Edusp/Estação Ciência, 1996.

SARAMAGO, José. "A terceira palavra de Saramago". *Bravo!*, São Paulo, ano 2, n. 21, jun. 1999.

SOARES, Magda. "Língua escrita, sociedade e cultura". *Revista Brasileira de Educação*, Belo Horizonte, n. 0, p. 5-16, 1995.

______. *Letramento — Um tema em três gêneros.* Belo Horizonte: Autêntica, 1998.

8. Personagens negros na literatura infantojuvenil: rompendo estereótipos

Andréia Lisboa Sousa Johnson

No presente artigo, pretendemos fazer uma análise da personagem negra em três livros de literatura infantojuvenil (LIJ), buscando mostrar que é possível realizar um trabalho com esse material pelo fato de ele romper com um imaginário estereotipado do negro, tão comum na literatura infantojuvenil.

De acordo com Esmeralda Negrão (1988a), começa-se a desenvolver uma preocupação com o negro no livro didático e paradidático no Brasil em 1950, porém notamos que, na pesquisa apresentada pela autora, a ênfase recai mais no livro didático do que no paradidático, que tem outros propósitos.

Para Ronilda Ribeiro (1996, p. 172), a literatura infantil, didática e paradidática,

> está carregadíssima de exemplos lamentáveis. Para a construção de um autoconceito favorável, é preciso que o ideal de ego não se mostre irrealizável, e fundamental para isso é o resgate da beleza, poder e dignidade das diversas etnias africanas. À criança afro-americana falta o modelo de Belo Negro.

Além das ilustrações lamentáveis — depreciativas, caricatas, animalizadas —, no que concerne à narrativa a personagem negra é descrita exercendo funções sociais consideradas inferiores, sendo estigmatizada; aparece como minoria e desumanizada.

É com vistas à análise de um imaginário não excludente e não reducionista que selecionamos os livros *Luana* (2000), de Aroldo Macedo e Oswaldo Faustino; *Histórias da Preta* (1999), de Heloisa Pires

Lima; e *O menino marrom* (1986), de Ziraldo Alves Pinto. Este último, apesar de ser da década de 1980, foi escolhido pelo tom inovador para a época, bem como por se tratar de um autor muito conhecido, lido e admirado por seu trabalho artístico-literário.

Esses livros são considerados exceção por apresentarem a personagem negra em um contexto diferenciado: de maneira positiva, como protagonista, pertencente a uma família, com ilustrações bem delineadas.

Pretendemos fazer uma abordagem desses livros de literatura infantojuvenil, os quais, a nosso ver, representam uma nova tendência na área. Apesar de não termos concluído ou ampliado o levantamento e a análise dessas obras, entendemos que os três livros a serem apresentados — cuja temática aborda, com viés literário, a questão étnico-racial para crianças e jovens — estimulam e propiciam novas possibilidades de trabalho, leitura e interação.

As imagens suscitadas tanto pelas ilustrações quanto pelas descrições e ações da personagem negra podem ser utilizadas de maneira construtiva, de modo que contribuam para a autoestima das crianças negras, bem como para a sensibilização das não negras.

Ribeiro, pensando na imaginação e no imaginário infantil como possibilidade para a construção de um novo imaginário coletivo, considera que os "atos imaginativos antecedem mudanças em nossas atitudes e ações" (1996, p. 172), pois as imagens que moram em nossa mente desde a infância influenciam nossos pensamentos durante a vida e podem contribuir (se não forem estereotipadas, inferiorizadas) para a autoestima e a aceitabilidade das diferenças, visando a uma vida adulta feliz. Para isso, essas imagens precisam mostrar nossa "cara", força e cultura a todos. Dessa forma, possivelmente, os gestos e atitudes dos seres humanos serão menos etnocêntricos e mais éticos, justos, plurais, enfim, democráticos.

ANÁLISE DOS LIVROS

O menino marrom

Desde o início, o livro *O menino marrom*, de Ziraldo Alves Pinto, nos remete às tradicionais narrativas orais: "Era uma vez um menino marrom"

(p. 3). Esse menino é caracterizado como bonito, pele de chocolate puro, olhos vivos, grandes, pareciam duas jabuticabas, dentes claros, certinhos, pareciam as teclas de um piano, sem as cáries ("vocês sabem que os bemóis e os sustenidos são as cáries do piano").

Os cabelos são enroladinhos e fofos, seu queixinho, pontudo, sua testa, alta e bem redonda. Seu nariz, por ser o de menino marrom, não é pontudinho; cresce mais para os lados do que para a frente. É um nariz muito expressivo, porque o menino demonstra suas emoções por meio dele. O menino marrom é magrinho, tem joelhos redondos e perninhas finas, peito e ombros quadradinhos. Tem um corpo bonito, de futuro atleta. Os pés são grandes. É muito inteligente. Notamos, por meio das descrições, adjetivações positivas, de apreço, elogio e admiração em relação ao menino.

Ao longo da história, Ziraldo apresenta, em vários momentos, um jogo relacionado à cor preta, levando o leitor a fazer reflexões: será que existe algo realmente preto? O que é de fato preto na natureza? Mas o menino marrom não se importa de ser chamado de preto. Ele é muito curioso e perguntador: "Se as perguntas do menino marrom eram complicadas, precisava ver as respostas. "Por que você quebrou todas as coisas da mamãe?" E ele: "É que a senhora deixou o tio tomando conta de mim e ele não tomou direito" (p. 6). Além de ágil nas respostas, ele inventa jogos e, como as regras são criadas por ele, somente ele ganha.

Para não ficar sozinho na história, o menino marrom tem um parceiro, o menino clarinho ou cor de rosa, que tem "algumas diferenças do menino marrom. Aliás, tem algumas muitas" (p. 10). Os dois se tornam amigos inseparáveis, estudam juntos, fazem um pacto de amizade e vivem as mesmas aventuras. Ziraldo apresenta a fase de curiosidade da criança, pois os dois estão sempre fazendo perguntas, buscando respostas, especulando assuntos novos. Notamos, de início, um relacionamento interétnico. Porém, como toda criança, os dois também brigam.

Dentre as curiosidades que os rodeavam, queriam saber se o preto é contrário do branco: "Foi uma tarde, os dois brincavam com suas cores, quando o menino marrom misturou todas as tintas [...] todas as cores do arco-íris" (p. 15). O resultado de todas as cores foi um marrom bem forte, igual ao do chocolate puro. Eles ficaram radiantes com a descoberta. Mas, quando foram ao laboratório na escola, ficaram desapontados porque "o branco é a soma de todas as cores em movimento" (p. 18). Então o menino marrom disse a seu amigo, o menino cor de rosa: "Quer dizer que eu sou todas as cores paradas e você é todas as cores em movimento?"

Só que a discussão não parou por aí, pois para eles não havia algo inteiramente branco ou preto, pelo menos em relação às pessoas. Por isso chegaram a uma nova descoberta: "O mundo não é dividido entre pessoas brancas e pretas. Mesmo porque elas não existem". Uma afirmação dessas faz qualquer um parar para pensar, pois, a partir desse raciocínio, o autor começa a trabalhar uma variação de denominações para designar as cores sem querer utilizar as cores branca e preta. Entendemos isso como uma forma de eufemizar as denominações por meio de cores: "Que boa descoberta! — é gente marrom, marrom-escuro, marrom-claro, avermelhada, castanha, bege" (p. 18). Não por acaso, na ilustração da página seguinte, temos uma relação de rostos dos mais variados tons, mostrando a diversidade étnico-racial entre as pessoas.

Esse assunto de certa forma perpassa toda a história, mas, "mesmo marrom, o menino achava normal ser chamado de preto. Mesmo cor de rosa, o menino cor de rosa achava normal ser chamado de branco" (p. 20). O fato de esse assunto ser recorrente e não haver uma resposta que os satisfaça mostra que essa questão não é tão simples e muito menos fácil de entender, haja vista as inúmeras denominações de cores que ouvimos das pessoas ao se caracterizar. "Agora, eles queriam saber o que era branco e o que era preto e se isto fazia os dois diferentes" (p. 20). Essa é uma maneira de fazer o leitor pensar sobre o assunto e não obter uma resposta pronta, mas refletir sobre ela por meio desse jogo, próprio da obra literária.

A saída encontrada pelo autor é que, após sofrerem com essa dúvida, "logo esqueceram aquela história e já entraram de novo em outras invenções" (p. 22). Poderíamos pensar que essa foi uma maneira de fugir do assunto, de deixá-lo em silêncio, ou então uma forma de estimular o leitor, já que ele, nesse momento da narrativa, também deve buscar uma resposta. Na verdade, Ziraldo trabalha essa questão polêmica de modo a causar, a princípio, mais dúvida ao leitor, pois ele faz um jogo com as cores, com as definições, com as interrogações do menino que, muitas vezes, parecem ser as do leitor e (quem sabe?) as do autor.

O tempo passa, os meninos crescem. Chega o dia em que se separam. E o "menino marrom foi crescendo. Ganhando corpo. Tudo muito devagarinho. Ele foi ficando um rapazinho quieto, caladinho, lendo muito, estudando, fazendo experiências, fazendo versos, inventando coisas só para ele [...]" (p. 29). E depois de muito tempo a dúvida a respeito de o preto ser o contrário do branco pairou no ar novamente, só que agora o menino marrom havia estudado um monte de coisas sobre luz e cor, chegando a "entender por que o branco dava uma ideia de paz, de pureza e de alegria. E por que razão o preto simbolizava a angústia, a solidão, a tristeza" (p. 29). Até que ele conclui que, para o ser humano, tudo vira símbolo!

Ziraldo traz à tona a representação dessas duas cores no nosso imaginário coletivo. E, na qualidade de narrador participante, que intervém na narrativa e conta suas experiências, o autor se lembra de uma entrevista realizada com o "Professor Silva Melo" na qual ele (professor) diz: "Eu não consigo descobrir em que altura da História do Homem ele decidiu que o branco é pureza" (p. 29). Temos uma oportunidade de refletir sobre isso com o leitor/aluno/adulto etc.; o autor dá essa deixa — e continuará dando no decorrer da narrativa. Quando o menino "começou a entender esse negócio do valor dos símbolos" (p. 30), ele havia pensado na "minha Teoria dos Contrários", admite o autor. Logo, essas dúvidas certamente são dele.

Notamos um questionamento quanto às falas preconceituosas que circulam em nossa sociedade; o menino estava triste e simbolizou essa tristeza, dizendo que as "coisas estavam pretas para ele", mas não gostou do símbolo que criou para expressar sua tristeza: "Pretas, porrrrrrrquê?" (p. 30). Depois de muita reflexão, ele descobre que o preto não era o contrário do branco! Chega a essa conclusão, mais uma vez, por meio de um jogo metafórico entre a saudade que sente do menino cor de rosa e a definição a que chega da cor preta.

O menino escreve uma carta ao seu amigo clarinho, dizendo estar sentindo a falta dele. No entanto: "Estou mais contente porque acabo de descobrir uma coisa importante: preto é, apenas, *ausência* do branco" (p. 30). No fim, os dois continuam amigos, porém o final é ambíguo, impreciso. O autor fala dos meninos sem especificar quem casou, nem quais são a profissão ou os passatempos de cada um; os dois talvez sejam doutores. "Um é um cara ótimo e o outro, sem qualquer dúvida, é um sujeito muito bom. Um já não é mais rosado e o outro está mais marrom" (p. 31).

Entendemos que as discussões e as descobertas dos meninos acabam nos contaminando. Há uma eufemização de Ziraldo ao não querer descrevê-los como branco e preto, optando pelo marrom (?); porém, essa denominação, quando bem explorada pelo professor, pode contribuir para o debate sobre as diferenças étnico-raciais, principalmente mostrando que os meninos são diferentes, mas iguais em certos aspectos.

Os dois têm família, estudam, são inteligentes, têm voz na narrativa. Não há uma desvalorização do menino marrom em relação ao menino clarinho. Todavia, não deixa de ser curioso o fato de eles não terem nome próprio; talvez Ziraldo tenha querido falar a (de) todos os meninos, por isso optou por denominá-los com um substantivo comum. Há um convívio interétnico na narrativa, sendo também explorada a diferença entre eles no plano da ilustração.

As ilustrações do livro apresentam o menino marrom com traços definidos, bem delineados. Ziraldo, em diálogo com o leitor, traço marcante na obra, nos diz: "Caprichei no desenho do menino 'marrom', mas acho que ele era muito mais bonito pessoalmente" (p. 3). Notamos uma valoração totalmente positiva nesse comentário. Outro aspecto interessante é que a capa do livro traz estampado esse menino.

No que concerne à presença do negro no livro, isso é muito importante: podemos identificá-lo sorrindo, mostrando-se simpático. Ele é preto, por mais que seja chamado de marrom. O título nos chama a atenção justamente por se referir a uma criança negra. Não identificamos os estereótipos tradicionais com relação à caracterização da família, aos traços do menino, à condição subalterna.

Luana — A menina que viu o Brasil neném

O livro *Luana — A menina que viu o Brasil neném*, de Aroldo Macedo e Oswaldo Faustino, retrata a convivência de uma comunidade de remanescentes do quilombo de Cafindé. Luana, a personagem principal, é uma capoeirista, tem 8 anos e mora na vila de Cafindé. Essa vila foi um quilombo da Serra da Barriga, Alagoas. A tradição de capoeirista em sua família vem dos antepassados; seu avô, o velho Mandinga, tem tanto orgulho de ver a menina jogando que nem tem vontade de jogar mais: "A menina joga com um dengo que lembra a vovó Adina. Aquela sim, quando entrava na roda, não tinha valente que ficasse em pé [...] Dá vontade de nem jogar mais. Deixo isso para a minha filha, que bate em vocês todos!" (p. 8-9). Ela é melhor que todos os capoeiristas daquela região.

Luana é a primeira heroína afro-brasileira; temos de destacar isso porque na tradição da LIJ não encontramos heróis ou heroínas negros/as, mas empregadas domésticas, empregados braçais, sem nome, sem família, comparados a animais ou antropomorfizados, em geral representados com uma imagem negativa, feia, sem complexidade, dificilmente sendo a personagem principal. Já na abertura da obra, os autores fazem questão de dizer: "Temos o prazer de apresentar: Luana, a primeira heroína afro-brasileira infantil da história de nosso país" (p. 3).

É importante para a autoestima das crianças negras a existência de uma personagem que veicule a imagem de uma garota bela, com "corpinho gracioso, sorriso doce", usando as famosas tranças africanas, que joga como ninguém: "É rabo de arraia, é esquiva, rasteira e ginga prum lado e pro outro, se safa do golpe ligeiro do pé de Babão. Se apruma e salta de novo, tasca um martelo, uma negativa... é poeira subindo... Ninguém segura Luana!" (p. 9). Trata-se de uma personagem feminina, criança, negra e heroína — algo inovador na literatura infantojuvenil, pois rompe com a representação predominante.

A roda de capoeira acontece no terreiro. Quando ela começava a jogar, "não tinha olho que piscasse quando ela entrava na roda [...] o pessoal batia palmas e cantava até mais forte quando Luana aparecia e cumprimentava o adversário" (p. 7). O terreiro aqui é um espaço valorizado, a que todos comparecem para admirar Luana jogando capoeira, para se encontrar e cantar.

Seu pai, conhecido como Calça-Larga, é negro, mestre de todos os capoeiristas de Cafindé, homem forte, que conhece a história da vila; isso é demonstrado quando Luisinho Por Quê (ele estava na fase dos porquês), irmão de Luana, pergunta o que é um quilombo. O pai responde que era um lugar para onde iam os escravizados que fugiam das fazendas. "Lá, negros, brancos e índios viviam em paz. Não tinha diferença. Não tinha rico nem pobre" (p. 11). Há um resgate da história do negro e da convivência sem discriminação, sem preconceito, entre brancos, indígenas e negros, que nem sempre é explorada, enfatizada em nossa sociedade (p. 13):

> — Humm! Não é não... Sua nação fica aqui perto?
> — Escuta, Itajabi... Me explique melhor essa história de nação e tudo o mais. [...]
> — Será que existiram mesmo esses quilombos, pai?
> — Claro que existiram, menino! Aqui mesmo era um deles.

Luana é "bela, encantadora, capoeirista, ativa e totalmente 'antenada' com seu tempo e com seu povo" (p. 3). Todo herói está em inteira sintonia com seu povo; a "menina Malungo" não seria diferente, ela "sabe por que respeita as tradições de seu povo [...] que tudo o que existe hoje se deve às lutas de seus ancestrais" (p. 14). É uma personagem informada, que conhece sua história, sua origem afro-brasileira, do ponto de vista das lutas, das tradições, da cultura dos negros.

A obra retoma o passado do negro africano enfatizando que ele foi escravizado, desmentindo assim a ideia de o negro ser sinônimo de escravo. Os ancestrais dela eram "malungos, guerreiros, fortes, pessoas que nunca desistem do que querem. Souberam conquistar a liberdade e se juntar aos índios [...] para construir esse quilombo [...], e reconstruíram sua vida e sua cultura [...]. Por isso Luana luta capoeira. Para ser um malungo valente, como foram os seus ancestrais" (p. 16). Temos no tempo presente a história de Luana, que conhece seu passado histórico para reforçar sua origem guerreira, sua atitude heroica e sua persistência.

Exemplo dessa característica de garota persistente se configura no diálogo de Luana com Cauê, descendente de negros e indígenas, que "toca atabaque e canta bonito" nas rodas de capoeira "como ninguém". Ele conta para ela que "a avó da avó de Anaborê se chamava Tanuá, uma índia que tinha visto as caravelas de Pedro Álvares Cabral!" (p. 17). Ela pensa que o colega está mentindo. Ele reforça: "Viu, sim! Foi a primeira índia que viu as caravelas no mar [...]. Assim um foi contando para o outro, até chegar a mim..." (p. 19). Luana acaba acreditando, pois se lembra das histórias de sua avó Josefa: "Ela ouviu do avô dela, que ouviu do avô do avô dele" (p. 19). Temos um verdadeiro resgate da história oral, do conhecimento que é passado de geração em geração, traço marcante na cultura africana.

O objetivo da heroína, depois disso, é ver como nasceu o Brasil — na capa, já vem o aposto: "A menina que viu o Brasil neném". O menino comenta que é uma pena, mas isso não será possível; e, como uma boa malungo, ela retruca: "Minha avó disse que, quando a gente acredita, mas acredita de verdade, e faz por merecer, sempre consegue o que quer".

Como num passe de mágica, depois de tanto pensar em conhecer o Brasil neném, um raio cai no seu berimbau; ela imagina que o som de seu instrumento foi prejudicado e, quando toca o berimbau: "TOIMMMMM!, de repente ouve um zunido que Luana nunca tinha ouvido antes: Dzummmmm... dzummmmm... dzummmmm..." (p. 23). Ela estava onde tudo começou (p. 25):

> Ela ainda estava muito atordoada.
>
> — Ei, moço, cadê todo mundo?

— Está todo mundo aí. Quem é você?

— Eu sou Luana... e você?

— Itabaji... sou o príncipe dessa nação.

— Nação? Que nação?

— A nação tupiniquim. De que nação é você?

— Eu sou daqui mesmo, do Brasil, ora bolas!

— Brasil? O que é Brasil? Você está falando de pau-brasil?

— Escuta, Itabaji... me explique melhor essa história de nação e tudo mais.

— Essa região toda se chama Pindorama, terra das palmeiras, e nela existem muitas nações, povos diferentes, com costumes diferentes. A nossa nação é tupiniquim, mas existem os povos tupi, guarani, aruaque, jê, caraíba, caiová e muitos outros. [...]

A menina fica confusa, e o indígena explica que existem outras nações com costumes diferentes: tupi, guarani, aruaque, jê etc.

Itabaji a batiza de Gota do Céu, porque ela havia chegado após a chuva. A novidade é que ela acaba conhecendo Tanuá, de quem Cauê havia falado. De repente, Tanuá os chama para verem as caravelas, cujo nome Luana sabia, mas os indígenas não. "Ficam fascinados com o espetáculo que vem do mar." Resolvem ir ao encontro dos marinheiros. Chegando, Cabral finca o mastro na areia e diz: "Tomo posse dessas terras em nome de dom Manuel, o Venturoso, rei de Portugal..." (p. 31).

Luana sorri, agora já sabe onde e em que tempo está: "Ah, então é isso?! Aqui é Porto Seguro, na Bahia, e hoje é 22 de abril de 1500. [...] O meu país está nascendo!!!" (p. 32). O encontro entre indígenas e brancos se dá de maneira amistosa; o cacique estende a mão a Cabral e todos comemoram. Sobressai uma visão romântica desse encontro. Os tupiniquins começam a cantar: "[...] A nação tupiniquim tem tudo o que vocês querem. Usem o que precisarem, mas, por favor, não destruam nada: tudo isso pertence aos filhos dos nossos filhos" (p. 35).

Percebemos um tom de ironia — ou de ingenuidade — ao dizer que eles não compreendiam os portugueses: "Ninguém entendeu nada...

Mas, como só diziam coisas boas e certas para os homens do mar, os nativos começaram a rir e a fazer que sim com as cabeças" (p. 36).

Todavia, percebemos nessa narrativa uma relação dominadora dos portugueses e de aceitação dessa condição pelos indígenas, já que eles não contestam Cabral em nada do que ele faz/diz: dá nome à terra que "jurava ter descoberto", pede que se calem para ele falar e pega tudo o que puder de pau-brasil: "Isso vale ouro em minha terra... pau-brasil?! Taí, gostei... Vou chamar esta terra de... Brasil!" (p. 40). Mostra-se uma atitude de passividade dos indígenas, de singeleza para com os portugueses. Essa é uma das visões sobre os povos originários da história oficial que é retomada, de maneira muito infeliz, pelos autores:

"Os portugueses lotaram as caravelas com tudo o que puderam, deixaram uns presentinhos bem sem graça para os tupiniquins e voltaram para o mar" (p. 41). Itabaji pensa que eles não voltarão. Mas Luana fica preocupada: "Quem dera isso fosse verdade!" E se lembra de tudo o que vai acontecer com esse povo e sua terra.

Ela volta a tocar o berimbau, ouve todos os zunidos novamente e sabe que está voltando para Cafindé. O berimbau é a arma da heroína, a marca de sua cultura: "Ela sabe que, sempre que quiser visitar tempos e lugares muito distantes, é só pensar bem forte, querer muito e tocar seu berimbau mágico. E esse é apenas o comecinho de uma aventura sem fim..." (p. 43).

Quanto às ilustrações, já na capa vemos a heroína com todos os seus aparatos e a caravela de Cabral que faz alusão ao título. No espaço social da vila de Cafindé, identificamos casas bem construídas, lugar arborizado, com jardim (p. 10-12, 43). Esse espaço aparece em focos diferentes, bem coloridos, os cidadãos sempre em harmonia, às vezes todos juntos. Outro traço importante a destacar é que se trata de uma obra escrita por negros, com personagens negras cujos traços são bem evidentes, detalhados, sem depreciações, um livro em que o negro está em primeiro lugar; há uma revalorização da nossa história e da nossa cultura. Na grande maioria das ilustrações, Luana está alegre.

Certamente, uma criança negra, diante dessas imagens, vai se sentir valorizada, e nós, adultos negros, também. Na história, o negro foi feito de escravo. Porém, lutou, resistiu à dominação e encontrou uma forma de organização sem dominadores e dominados. É o que vemos na ilustração da página 15: negros, indígenas e brancos trabalhando, uma criança negra brincando com uma criança indígena, todos muito alegres. Temos o pai e o irmão de Luana dialogando livremente (p. 12-13), a avó Josefa elegante, com adornos (p. 22). Os indígenas também são bem ilustrados (p. 34-35, 39). O que prevalece na história é um povo feliz mesmo quando trabalha, com uma relação afetiva, de proximidade, tanto entre os adultos quanto entre as crianças, sem apresentar contradições.

O que também chamou nossa atenção na história foi o excesso de explicações, a nosso ver um pouco fora de contexto, tais como: um quadro com uma foto de um berimbau (p. 7) explicando sua composição; um desenho para mostrar os movimentos da capoeira (p. 9); a foto de um tupiniquim (p. 25); a foto do pau-brasil (p. 25); a foto de uma criança da tribo guarani (p. 26); o desenho de um português — "Pêro" (p. 41), um minivocabulário que já traz as respostas às possíveis dúvidas. Entendemos que esse recurso dá um caráter utilitário à obra, à medida que utiliza explicações dicionarizantes ou fotos coladas ao contexto para fins doutrinários e não estéticos ou lúdicos, próprios da literatura infantojuvenil.

Apesar de a obra parecer ter sido elaborada exclusivamente para a comemoração dos 500 anos do Brasil, o que lhe dá um caráter de livro puramente comercial, ela é de extrema importância para as nossas crianças, pois rompe com uma tradição de representar a personagem negra como estereotipada, resignada, descrita com adjetivos pejorativos, em condições subalternas. É disso que precisamos, de obras que coloquem a criança em contato com outras formas de relacionamento, que enriqueçam as relações entre os diferentes. Outro dado interessante é a apresentação dos autores e do ilustrador no livro.

HISTÓRIAS DA PRETA

Na obra *Histórias da Preta*, de Heloisa Pires Lima, a autora apresenta uma abordagem histórica da cultura africana, passando pela definição de *etnia*, *racismo*, sempre trabalhando com uma visão do que é ser diferente. Essa é uma obra um tanto quanto complexa. A Preta, podemos ver pela capa do livro, é uma jovem; porém, no decorrer da narrativa, devido ao conhecimento e às reflexões que ela apresenta, já parece uma mulher adulta experiente: "Certa vez trabalhei com os índios pataxós, na Bahia..." (p. 55).

A estrutura da obra é diferente: no início, temos a Preta se apresentando (fase de menina): "Cresci uma menina igual a todas as meninas e diferente de todas as outras. Desse jeito sou eu com minha história, nesta história com todos os tamanhos que couberem neste livro. Eu sou a Preta. Era minha madrinha, a tia Carula [...], que me chamava assim" (p. 9).

O livro é dividido em "Apresentação", "África", "O roubo do tesouro", "São direitos ou são tortos?", "Historietas da Preta", "Histórias do candomblé", "Diferente de ser igual". Outro aspecto interessante na estrutura é que a Preta é a narradora-personagem principal. A voz da/na história é dela e notamos que ela tem muitos traços da autora no decorrer da narração. Tentaremos analisar ao menos a ideia principal da obra. Na "Apresentação", Heloisa discute o duplo sentido da designação "Preta":

> [...] tia Carula ficou principalmente na minha lembrança de certos dias tristes em que ela chegava com sua sacolinha de carinhos. E só ela sabia me chamar de Preta desse jeito que ficou tão doce. Olha que engraçado: quando os outros diziam que eu era preta eu achava estranho. (p. 12)

Notamos a relação afetuosa da personagem com a tia, o carinho, o ambiente aconchegante.

Preta mostra seus questionamentos e seu processo de descoberta e de se assumir como negra: "Eu não sou preta, eu sou marrom. Cor de doce de leite, como a canela, como o chocolate, como o brigadeiro.

Cor de telha, cor de terra [...]. Eu fui aos poucos descobrindo que eu era Preta marrom, uma menina negra". Não é imediatamente que ela se denominará negra, mas aos poucos vai se percebendo e sendo percebida como tal.

É fundamental, aqui, o processo, pois muitos negros passam por ele: "Ser negra é como me percebem? Ou como eu me percebo? Ou como vejo e sinto me perceberem? [...] Como é, afinal, ser uma pessoa negra? Eu respondo quando responderem como é que é ser uma pessoa que não é negra" (p. 12). Durante a "Apresentação" encontramos reflexões curiosas e inquietantes sobre esse tema (p. 12):

> — Vó, quem inventou a cor das pessoas? [...]
>
> Ela disse:
>
> — Eu só respondo se tu me disser quem inventou o nome da cor das pessoas.

Ou quando ela compara o termo "afro" com "etiqueta para todos ou tudo o que é parecido com algo ou alguém da África. Euro é a etiqueta para semelhanças europeias" (p. 13).

A origem africana é assunto que percorre toda a obra, bem como a origem mestiça: "[...] Outro dia eu conversei com um amigo loiro cuja mãe sempre conta com orgulho que sua avó era negra [...]. Eu, negra descendente de alemães, e ele, loiro descendente de crioulos. Ninguém acredita!" Chama-nos a atenção essa inversão positiva da mãe do amigo, que conta com orgulho a origem negra.

> Mas origem africana está na cara. E também no coração. Ser africano é diferente de ser italiano ou francês [...] onde o bicho homem virou gente foi na África [...]. Mas, ainda que todo o mundo seja africano na origem, nem todo mundo é visivelmente negro hoje em dia. É um quebra-cabeça essa história. (p. 13)

A partir daí, a personagem passa a colar pedaços da história para tentar montar esse quebra-cabeça.

Comentemos agora a primeira parte da história: A África é negra ou muito colorida? A Preta é uma contadora de histórias, haja vista o título da obra. Porém, de ouvidora de histórias ela passou a ser leitora e, por último, escritora: "Fui crescendo com Lia, que me ensinou a escutar e a sonhar e às vezes a ter pesadelos com essas histórias. Às vezes líamos juntas. Depois comecei a ler de tudo, até que virei uma Lia. E Lia agora escreve livros" (p. 16). Notamos a maneira criativa e envolvente com que a narradora tece suas ideias, sempre procurando brincar, jogar com os sentidos das palavras lia, do verbo ler, e Lia, nome próprio. Esse caráter lúdico-metafórico perpassa quase toda a obra, por exemplo: "Depois de mil e uma noites e dias de histórias sobre a África, entendi que por muito tempo os livros diminuíram alguns povos" ou "A África tem muitas etnias, isto é, muitos jeitos diferentes de ser num mundo aparentemente igual".

Tranquilamente, a autora nos coloca em contato com a África, com a definição de etnias e culturas, por meio de uma linguagem instigante, provocativa, reflexiva e, muitas vezes, lúdica. Quando conta um dos mitos da criação do mundo pelos africanos, notamos esse aspecto: "Sabe como o mundo foi criado pelos africanos? Ou como os africanos foram criados pelo mundo? Ou como a criação criou o mundo africano? Ou como muitos africanos criaram as histórias da criação?" (p. 18). "Essas narrativas cheias de poesia são conhecimentos que contam sobre a criação do mundo: sabedoria sob o céu de estrelas africanas" (p. 22).

Ela apresenta a dimensão sagrada da palavra para o povo africano e o papel dos *griots* ou *diélis* (quer dizer "sangue", e a circulação do sangue é a própria vida, a força vital), contadores de histórias, poetas, músicos: "[...] é através da fala que o mundo continua a existir no presente" (p. 23).

Na segunda parte, a Preta nos fala da captura de negros africanos, das etnias que vieram para algumas regiões do país. Percebemos verdadeira preocupação em mostrar o outro lado, a história não contada nas escolas, ou seja, uma versão diferente da história oficial, pois a Preta nos fala sobre o comércio transaariano na África, sobre o tráfico de gente: "Tinha o mercado de gente, o mercado de marfim, o mercado de ouro, e esses mercados dividiam e uniam etnias" (p. 39), até chegar ao mercado transatlântico e às suas consequências: "Até de tristeza eles morriam — uma tristeza chamada banzo, que era a falta que sentiam de sua terra, de sua casa" (p. 41). Esse termo também aparece no livro *Luana*.

Por último, ela mostra dados sobre quando, para onde e de onde vieram os escravizados, quantos foram, de quais etnias, os principais traficantes. Notamos que essa preocupação de apresentar um relato fiel da realidade é imprescindível para um resgate da nossa história, porém, ao fazê-lo, perde-se um pouco o teor literário da obra, pois parece que estamos diante de um livro de história e não de ficção, embora entendamos a preocupação em explicar tudo à criança.

Será que essa é uma característica dessa nova onda de escritores (negros ou não) ou até mesmo uma necessidade da literatura infanto-juvenil com recorte étnico-racial, visando à busca e/ou ao resgate da nossa identidade? Ainda não podemos afirmar isso, mas há outros livros, não analisados aqui, que também demonstram essa preocupação.

No capítulo "São direitos ou são tortos?", encontramos Estevão, um garoto negro, aluno da Academia Imperial de Belas-Artes, filho de escravos: "Mas uma confusão que costuma acontecer é imaginar que todas as pessoas negras eram escravas [...] algumas puderam pôr em prática as estratégias de libertação e conseguiram libertar a si mesmas e tornar livres seus filhos e netos" (p. 46). Enquanto o menino desfila pelas ruas do Rio de Janeiro, Preta nos conta o sonho dele: ter sucesso como o artista negro José Maurício N. Garcia: "Uma pausa do órgão quebrou seu sonho. Sabia que teria que brigar muito para conseguir ser importante. Tinha mesmo era que libertar todo mundo primeiro" (p. 47). Ele também quer ser capoeirista e vê a capoeira como uma luta que parece uma dança. Além de Estevão, a narradora cita alguns negros brasileiros que se destacaram em diversos campos.

Em "Historietas da Preta", ela novamente conta várias histórias, buscando enfatizar que há outras maneiras de ver algo ou alguém diferente. Assim, denuncia a invisibilidade do negro, ou a imagem dele sempre como dominado, associado a tudo que é ruim — "a coisa está preta" (p. 54) —, sofrendo racismo. No dicionário, ela vê a definição dada ao negro: "Assim eu não vou querer ser nem negra nem preta" (p. 54). A narradora vai trabalhando com os significados das palavras:

> o sentido que nós damos às palavras indica o modo como vemos o mundo, traduz o que achamos das coisas [...]. Sombra é bom quando tem muita luz e luz é bom quando está muito escuro. O petróleo é negro e não é sujo, o carvão é preto e faz fumaça branca, e eu pensei em tantos opostos que se equilibram que... deu um branco na minha cabeça! (p. 54)

Nas "Histórias do candomblé", Preta nos conta sua experiência em uma festa de caboclo: "A festa foi uma flecha que me atirou para dentro de mundo desconhecido" (p. 60), pois ela havia estudado em escola de freiras: "Quando se é criado numa religião, aprende-se a evitar as outras. Das religiões de origem africana sempre me chegavam informações muito preconceituosas" (p. 60). A Preta nos fala do candomblé, dos iorubás, dos orixás: Oxum, Oxumaré, Xangô, Oxóssi, Obaluaiê, Iansã e outros.

Em "Diferente de ser igual", ela retoma o que é ser diferente, ser igual, sempre procurando mostrar o lado enriquecedor da diferença e a igualdade de direitos: "Quem são os mais diferentes? Depende de como eu sou. Mas e se eu for muitos? Então vou ser parecida com muitos [...]. Somos iguais no direito à vida" (p. 68-69).

As ilustrações desse livro são belíssimas. Na capa, temos a Preta desenhada com detalhes; notam-se os traços africanos, os adornos, a maquiagem e as tranças, assim como em *Luana*. As cores utilizadas são atraentes, fortes e significativas, pois lembram e mostram o colorido das cores africanas (p. 26, 54, 57). Em todas as páginas há algum desenho, muitos deles de algumas etnias africanas; objetos de diferentes etnias também aparecem em destaque (p. 23-24), assim como animais africanos típicos: camelo, girafa, jacaré, veado e outros (p. 1-2, 6-7, 17, 26-27, 34-36).

Há ilustrações que parecem verdadeiras poesias ou quadros, que encantam, atraem — como a de um pássaro numa página meio rosada com uma lua com cara de gente (p. 14) ou da amiga Lia montada em um camelo, ilustração que utiliza duas páginas com tons diferentes, lembrando a paisagem de um quadro (p. 31-32).

Nas ilustrações da Preta ainda menina, notamos que em uma ela está mais escura e em outra, mais clara, com traços diferentes, acredito que com cabelo diferente também. A constante referência à África é notória e muito positiva; por exemplo, na página 12, temos um desenho parecido com um mapa colorido no qual está escrito África, com os africanos representados com vestimentas tradicionais, adornos (p. 16-18). Algumas são mais nítidas do que as outras com relação aos traços faciais, se compararmos às páginas 16, 30 e 37.

Na quinta parte, temos ilustrações que retratam o candomblé, os orixás, as iniciadas (p. 60-65). As figuras mais frequentes são o Sol, representando o dia, com traços negros (p. 6, 15), e a Lua, representando a noite. Além das ilustrações, o papel utilizado para a impressão do livro é de extrema qualidade, gostoso de manusear, tatear, contribuindo para a estética da obra. Há ilustrações grandes, chamativas, e outras com teor (preocupação) mais instrutivo (p. 24-25, 43).

CONSIDERAÇÕES FINAIS

Por meio deste breve artigo sobre os livros selecionados, observamos que os autores dão direito à existência do negro na literatura infantojuvenil; eles desempenham o papel principal. As personagens analisadas têm um perfil bem elaborado e, em alguns casos, desempenham função de herói, como Luana e a própria Preta. Realizam atividades diferentes e valorizadas, têm nome, família, estudam, não estão em condições subalternas, não são inferiorizados, vivem num tempo presente e fazem história, bem como participam dela.

As imagens das narrativas literárias, quando utilizadas adequadamente, longe de uma visão etnocêntrica, branqueadora — a qual é quebrada nessas obras —, oferecem ao leitor re(a)presentações positivas do negro, do descendente de africanos, contribuindo para uma modificação da rede de significados das palavras negro, mestiço, pardo. Desse modo, possibilitam ao branco uma reeducação quanto à visão estereotipada do negro, e a este a elevação da autoestima e o resgate de sua cultura.

É perceptível um avanço que não pode parar e, sem sombra de dúvidas, resulta das reivindicações do movimento negro, de teses que estudaram o assunto e da consciência de escritores que até então, por motivos vários, não haviam percebido a invisibilidade do negro na LIJ. Não podemos deixar de enfatizar que para o mercado cultural que visa ao consumo essas obras também são importantes.

Vale mencionar também outros livros de destaque: *Jogo duro*, de Lia Zats; *Nó na garganta*, de Mirna Pinsky; *A cor da ternura*, de Geni Guimarães; *Gosto de África*, de Joel Rufino dos Santos, bem como as seguintes obras traduzidas: *Tanto, tanto!*, de Trish Cooke; *Que mundo maravilhoso!*, de Julius Lester e Joe Cepeda; e *Audição*, de Mandy Suhr e Mike Gordon. Todos fazem parte de uma nova fase da literatura infantojuvenil, pois incorporam a visão de mundo e a perspectiva do ser negro.

Sendo assim, estabelecem uma interação com o leitor (negro ou não), com histórias, questões e ilustrações que aludem à temática étnico-racial, as quais contribuem para uma nova estética e literatura do/sobre/com o ser negro. Não basta "apenas retirar do texto os preconceitos e as discriminações", o que já é muito bom; é preciso criar personagens negras, com sentimentos e vivências próprias" (Negrão, 1990, p. 21).

Observando as ilustrações dos livros analisados, notamos a predominância das personagens negras, desenhos que aludem à convivência e à diferença étnico-racial. Nos livros maiores, *O menino marrom* e *Histórias da Preta*, os desenhos também são maiores, o projeto gráfico e a diagramação são diferentes, alguns mais detalhados do que outros, e revelam a relação criativa entre texto, ilustração e página em branco.

O acesso/contato com esses livros pode se dar em casa (pelos familiares), pela troca entre amigos ou na escola, espaço em que o incentivo à leitura é necessário. A escola dificilmente cria ou garante uma política educacional com efetivo recorte étnico-racial.

Interessa-nos, especialmente, o educador, o professor que escolhe as obras paradidáticas que serão lidas pelos alunos. Se ele não estiver sensibilizado por essa questão, se não conhecer os conceitos de raça, etnia, preconceito, discriminação, se não optar por livros com abordagens diversificadas e positivas, suas atitudes e seu direcionamento da leitura podem acabar reforçando um imaginário estereotipado sobre o negro.

REFERÊNCIAS

LIMA, Heloisa P. *Histórias da Preta.* 1. ed. São Paulo: Companhia das Letrinhas, 1998.

MACEDO, Aroldo; FAUSTINO, Oswaldo. *Luana.* 1. ed. São Paulo: FTD, 2000.

NEGRÃO, Esmeralda Vailati; PINTO, Regina Pahim. *De olho no preconceito — Um guia para professores sobre racismo em livros para crianças.* São Paulo: Fundação Carlos Chagas, 1990.

______. "Preconceitos e discriminações raciais em livros didáticos e infantojuvenis". *Cadernos de Pesquisa*, São Paulo, n. 65, p. 52-65, 1988a.

______. "Literatura infantojuvenil: a criança negra". *Cadernos Cevec*, São Paulo, n. 4, p. 63-65, 1988b.

PINTO, Ziraldo Alves. *O menino marrom.* 1. ed. São Paulo: Melhoramentos, 1986.

RIBEIRO, Ronilda. "Ação educacional na construção do novo imaginário infantil sobre a África". In: MUNANGA, Kabengele (org.). *Estratégias e políticas de combate à discriminação racial.* São Paulo: Edusp, 1996.

ROSEMBERG, Fúlvia. *Literatura e ideologia.* São Paulo: Global, 1985.

As autoras

Ana Lucia Silva e Souza

É doutora em Linguística Aplicada pela Universidade Estadual de Campinas (Unicamp) e professora adjunta da Universidade Federal da Bahia (UFBA), com ampla formação acadêmica em Ciências Políticas e Sociais e mestrado em Ciências Sociais. Sua *expertise* se concentra em linguística, com ênfase em letramento e relações raciais, explorando temas como *hip-hop*, identidade, juventude negra e educação. Ocupou o cargo de pró-reitora de Extensão, Arte e Cultura na Universidade da Integração Internacional da Lusofonia Afro-Brasileira (Unilab). Integra o corpo docente do Programa de Mestrado Profissional em Letras, tendo assumido, em 2016, a posição de vice-coordenadora.

Andréia Lisboa Sousa Johnson

É especialista em Currículo e Políticas Educacionais. Pós-doutora em Linguagem e Identidade pela Universidade Estadual de Ponta Grossa (UEPG). Doutora em Educação/Estudos Culturais com especialização em Estudos de Gênero e Estudos da Diáspora Africana pela Universidade do Texas em Austin (EUA). Lecionou em diferentes universidades americanas e brasileiras e foi diretora do Programa de Português da Universidade de Illinois em Urbana-Champaign (EUA). *Fellow* da Fundação Ford. Atua como especialista em Neurociência, Inteligência Emocional Feminina, Terapias Integrativas e Energéticas, Coach Pessoal e Profissional e como especialista em Desenvolvimento Humano e Transformacional. Atualmente, é CEO da PactPro LLC (empresa de consultoria em educação, equidade, negócios, cultura e intercâmbios), vice-presidente da ONG Each One

Teach One Network (E1T1 Network) e coordenadora da ONG Hope for Africa na América do Sul.

Eliane Cavalleiro

É doutora e mestra em Educação pela Universidade de São Paulo (USP). Foi consultora da Unesco – Oficina Regional de Educação para América Latina e Caribe/Orealc (2005), responsável pelo desenvolvimento da pesquisa: "Discriminación y pluralismo: valorando la diversidad en la escuela". Atuou como coordenadora-geral de Diversidade e Inclusão Educacional na Secretaria de Educação Continuada, Alfabetização e Diversidade do Ministério da Educação. Foi docente na Faculdade de Educação da Universidade de Brasília (UnB), tutora do grupo PET-Educação, do Programa de Educação Tutorial da Faculdade de Educação da UnB e presidente da Associação Brasileira de Pesquisadores/as Negros/as (ABPN). Foi pesquisadora visitante na Universidade Estadual de São Francisco (Califórnia, EUA) e no Cesar Chavez Institute. Atualmente, é pesquisadora associada do Centro de Estudos da América Latina da Universidade Stanford e conselheira da Imaginable Futures.

Elisa Larkin Nascimento

É mestra em Direito e em Ciências Sociais pela Universidade do Estado de Nova York e doutora em Psicologia pela Universidade de São Paulo (USP). Parceira do professor Abdias Nascimento; juntos, fundaram, em 1981, o Instituto de Pesquisas e Estudos Afro-Brasileiros (Ipeafro), que guarda o acervo dele e das organizações que ele criou: Teatro Experimental do Negro (1944) e Museu de Arte Negra (1950). Com base no acervo, o Ipeafro realiza iniciativas voltadas para o ensino da história e da cultura de matriz africana. Curadora de exposições das pinturas de Abdias Nascimento e da coleção Museu de Arte Negra Ipeafro, Elisa idealizou o Fórum Educação Afirmativa Sankofa e publicou diversos livros, entre eles *O sortilégio da cor*; os quatro volumes da coleção Sankofa; *Abdias Nascimento, a luta na política*; e *Adinkra, sabedoria em símbolos africanos*.

Elisabeth Fernandes de Sousa

É socióloga e pedagoga formada pela Universidade de São Paulo (USP). Atuou no Centro Específico de Formação e Aperfeiçoamento do Magistério (Cefam), foi professora de Sociologia, História e Geografia no ensino fundamental e médio e coordenadora pedagógica em São Paulo. Atualmente, é supervisora escolar do município de São Paulo. Mestra em Educação pela Faculdade de Educação da USP.

Isabel Santos Mayer

É educadora social, coordenadora do Instituto Brasileiro de Estudos e Apoio Comunitário (Ibeac), mestra em Turismo pela Universidade de São Paulo (USP). Bacharel em Turismo, licenciada em Ciências Matemáticas, especialista em Pedagogia Social. Desde os anos 1980, facilita a criação de Centros de Defesa da Criança e do Adolescente (Cedecas) e bibliotecas comunitárias gerenciadas por jovens. Coordenadora do Prêmio Educar para a Igualdade Racial, do Centro de Estudos das Relações de Trabalho e Desigualdades (Ceert), empreendedora social da Ashoka, docente de mediação de leitura. Cogestora da Rede LiteraSampa, finalista do Prêmio Jabuti 2019. Curadora de prêmios literários e conselheira curatorial do Complexo do Theatro Municipal de São Paulo. Recebeu prêmios como Retratos da Leitura no Brasil (2018), Estado de São Paulo para as Artes (2019), 67º Prêmio APCA na categoria "Difusão de Literatura Brasileira" (2021) e Prêmio Pessoa Inspiradora da Associação Paulista de Fundações (2021).

Maria Aparecida (Cidinha) da Silva

É escritora e editora. Graduada em História pela Universidade Federal de Minas Gerais (UFMG). Organizadora de *Africanidades e relações raciais — Insumos para políticas públicas na área do livro, leitura, literatura e bibliotecas no Brasil* (obra de referência; Fundação Cultural Palmares, 2014, esgotado) e *Ações afirmativas em educação — Experiências brasileiras* (Summus, 2003, 3ª edição). Tem 17 livros de literatura publicados, entre eles *Um Exu em Nova York*, que recebeu o Prêmio Clarice Lispector (categoria contos) da Fundação Biblioteca Nacional em 2019, e

#Parem de nos matar! (Kuanza Produções/Pólen Livros, 2019, 2ª edição). É coautora de cinco livros, entre eles, *Colonos e quilombolas* (edição das autoras, Porto Alegre, 2010). É uma das 100 autoras e autores negros cuja obra foi analisada na coletânea *Literatura e afrodescendência — Antologia crítica*, organizada por Eduardo Assis (Editora da UFMG, 2011).

Nilma Lino Gomes

É pedagoga, mestra em Educação, doutora em Antropologia Social e pós-doutora em Sociologia e Educação. Professora titular emérita da Faculdade de Educação da Universidade Federal de Minas Gerais (UFMG) e docente na Pós-Graduação em Educação, Conhecimento e Inclusão Social na mesma instituição. Foi coordenadora geral do Programa de Ações Afirmativas na UFMG, integrante da Câmara de Educação Básica do Conselho Nacional de Educação, reitora *pro tempore* da Universidade da Integração Internacional da Lusofonia Afro-Brasileira (Unilab) e ministra da Secretaria de Políticas de Promoção para a Igualdade Racial e do Ministério das Mulheres, da Igualdade Racial, da Juventude e dos Direitos Humanos. Sua pesquisa abrange áreas como diversidade, relações étnico-raciais, formação de professores, direitos humanos, políticas educacionais, desigualdades sociais e raciais e atuação do movimento negro brasileiro.

leia também

O ESTATUTO DA IGUALDADE RACIAL

Sidney de Paula Oliveira

O Estatuto da Igualdade Racial reúne um conjunto de diretrizes para a igualdade de oportunidades e o combate à discriminação em virtude de raça/etnia. Além de abordar os dispositivos mais significativos do texto legal, esta obra analisa a importância do documento, os pontos que ficaram de fora quando de sua aprovação e as consequências desse marco fundamental para a igualdade racial no Brasil.

ISBN: 978-85-87478-56-6

RACISMO, SEXISMO E DESIGUALDADE NO BRASIL

Sueli Carneiro

Entre 2001 e 2010, a ativista e feminista negra Sueli Carneiro produziu inúmeros artigos publicados na imprensa brasileira. *Racismo, sexismo e desigualdade no Brasil* reúne, pela primeira vez, os melhores textos desse período. Neles, a autora nos convida a refletir criticamente a sociedade brasileira, explicitando de forma contundente como o racismo e o sexismo têm estruturado as relações sociais, políticas e de gênero.

ISBN: 978-85-87478-46-7

RELAÇÕES RACIAIS E DESIGUALDADE NO BRASIL

Gevanilda Santos

Este livro apresenta o ponto de vista histórico das relações raciais e das desigualdades no Brasil, começando no século XIX e chegando aos dias de hoje. A autora mostra novos caminhos para uma educação antirracista e, sobretudo, para estimular seus valores intrínsecos: a igualdade das relações sociais, a consciência política da diversidade histórica, o respeito às diferenças – caminhos esses que nos conduzem à cidadania plena.

ISBN: 978-85-87478-38-2

Grupo Summus
www.gruposummus.com.br
www.gruposummus.com.br
Acesse, conheça o nosso catálogo e cadastre-se para receber informações sobre os lançamentos.